# 雲遊天下な日々に

森喜久雄、沢田としき、寺島珠雄の巻

村元武

東方出版

カバー絵　森英二郎
ブックデザイン　日下潤一＋赤波江春奈

# はじめに

1971年に創刊した月刊「プレイガイドジャーナル」は、何日にどこで音楽や演劇、映画会が開かれ、劇場やギャラリーで何が催されているか、それらを一覧にして掲載したスケジュールマガジンだ。同時にそれらの表現者と観衆の参加する雑誌でもあった。

ある年、『ピープルズクロニクル』の書名で1年間のイベントと人びとのドキュメントをまとめようともした。この本は、その部分でまとめきれなくて続けられなかったが、前2著『プレイガイドジャーナルへの道』『プレイガイドジャーナルよ』は、一面では同時代に活動した人びとの記録を試みた、まさに見果てぬ夢でもあり、これは僕の習い性でもあるようだ。

さて、雑誌創刊のころ、編集部は多くの〝若いもん〟が集まった集団だったが、大阪には同じような〝若いもん〟のグループとして喫茶ディランと「春一番」、そしてモリスフォームがあった。はじまりが同じころだったのも何かの縁だろう、それぞれはお互い競い合っていたし、交流し、影響し合っていたと思う。

そのモリスフォームのリーダーが森喜久雄で、彼の先進的な活動は目を見張るようだった。

「プレイガイドジャーナル」創刊から数年が経ち、雑誌と並行する事業にと単行本の出版に踏み切った僕は、いしいひさいち『バイトくん』に続く候補作品をいろいろ考えていて、78年に寺島珠雄に会いにいった。各誌に発表される詩やエッセイ、評論を愛読していて、できれば単行本にまとめたかったのだ。

沢田としきの「SAWADA COMIX」が82年、月刊「ＨＩＰ」に登場した。僕はその連載が面白くて、やはり単行本にしようと彼に会って話し合った。つきあって、音楽との関わりもずいぶんあって、一緒の活動は長く続いた。

このように出会った3人、当初は数十人の同時代史を意図していたが、結果的に3人の物語を書こうと方向を変えた。

雑誌の世界は多くの人びとを結びつけるし、もとよりこの3人によって僕の活動も大きく広がった。同世代の森喜久雄、年長の寺島珠雄、より若い沢田としき、彼らはそれぞれ独自の表現活動をもち、印刷メディアを刊行したり、イベントのスペースをプロデュースしていた。

知りあって数十年、長いつき合いだったが、しかし惜しまれながら3人とも亡くなってしまった。僕は初志を忘れず、残された資料を活用しながら、彼らの豊かな物語を書き綴ることに決めた。

村元武

目次

## 第2章 沢田としきと同時代ギャラリー

第3章

# 寺島珠雄と同時代ライブラリー

森喜久雄
「GLASS EYE VOL.2-2」より
75年4月

森英二郎表紙画の森喜久雄
「プレイガイドジャーナル」
78年3月

# 第1章
# 森喜久雄と同時代トリップ

森喜久雄初登場
「プレイガイドジャーナル」
71年9月

## プロローグ

森喜久雄は10年間のアメリカ生活を切り上げて84年に帰国し、その後大阪で再開した事業と絵画活動は10年におよび順調だった。

94年3月12日、僕は森喜久雄のスタジオ「ストローク」に向かっていた。スタジオは、大阪市西区の道頓堀川と木津川、尻無川の交わる、現在なら川向こうに京セラドームが見えるだろう場所のビルの1階だった。中は、天井が高く、緑のプラントや熱帯魚の水槽が並べられ、広いギャラリーでもあった。実際、すでに展覧会も行われていたのだ。彼のプレゼンテーション美学で隅々まで気を配った快適なスペースだった。


森喜久雄には先行する物語があった。60年代にアメリカに渡り、70年に帰国後「モリスフォーム」を開設してプロデュースし、映像表現も続けたが、数年でまたアメリカに渡ってしまっていた。70年代にはずいぶん多くの友人たちが世界各地へ旅立ち、また長期滞在し、世界中を放浪し、かの地に住みついたままもいた。彼はその先駆けのようだった。

「プレイガイドジャーナル」でも、アメリカ西海岸やネパールのカトマンズ、パキスタンのペシャワールへの旅行を企画したが、当時は、他にも、バリ島やジャマイカ、インドのゴア、アフガンのカブール、スペインのイビサ島など、人々がめざそうとした「聖地」は多かった。

この先行する時代は、僕はプレイガイドジャーナル社をやっていて彼とも近かったが、それから20年以上が過ぎ、僕にもそれなりの変化があったのだ。85年にはビレッジプレスを立ち上げ試行錯誤を重ねたが、そろそろ10年目になろうかという年になり、新雑誌・季刊「雲遊天下」を計画していた。同時代の人々のそれぞれの活動、生活の現場から、レポート、記録を集めたいし、また創作・多様な表現も期待したかった。様々な現場にいて味わい深い書き手はずいぶん多いのだ。

創刊号では70年代当時の状況、海外に向かった人々の考えや行動を記録したいと思い、森喜久雄にはぜひとも登場してもらいたかった。スタジオを訪問したのはそのためで、取材・インタビューを依頼した紀乃公子と雨の中をスタジオ「ストローク」に向かった。彼女は「プレイガイドジャーナル」で編集スタッフだったし、森喜久雄ともお互いよく知っていた。

インタビューは長時間になり、アメリカへ出かけるころのことを、いつものようによくしゃべってくれた。

「エクソダス——森喜久雄さんの時代自分を作りかえるきっかけになったアメリカへの脱出」という記事ができあがり、創刊号を飾った。挿版画は弟の森英二郎が寄せてくれた。

また、スタジオの活動、好調な状況についてもいろいろ聞いたことは多かったが、それは随時触れることにする。

記事中の森喜久雄の発言より。

——1965年、最後の移民船ブラジル丸で劇的な日本脱出をやってアメリカ・ロサンゼルスを目ざした。小さいころからの体験や記憶の中に鮮明にあったアメリカに対する漠然とした憧れ。それを確認したかった。21歳だった。

この21歳から26歳のあいだの経験が、僕自身の第一段階の脱出となったわけやな。それから何回も脱出しているけど、戻る原点はその時代や。

移民船、ワッツ暴動、キング牧師暗殺、ハリウッドでエキストラ、スカラシップでアートスクールへ、ベトナム戦争と徴兵検査。

人種差別問題とか、マイノリティとかの問題、不法労働の問題、そういうはじめての経験が、傍観してるんやなくて、わが身にふりかかってきた。

からだだけが日本からアメリカへ脱出したんじゃなくて、僕自身が、今までの自分のもっていた概念、日本にいたときに持っていた概念というものから脱出したんやね。……（「雲遊天下」創刊号／94年7月号）

## ギャラリー「モリスフォーム」オープン

森喜久雄は、

「僕らの同年配はみんなアイビーリーグに憧れたりジャズに傾倒したり、文化的な入口はみんなアメリカ的なものだった。それらを見てみたい。また美術を学ぶためには外国人のための特別なクラスがあることを知って、それで入ってからオフィシャルなビザに切り換えればいい」（同）

と決めて、65年秋に21歳の彼は移民船で絵を学ぶために単独渡米した。

働きながらカリフォルニア芸術大学を卒業して70年に帰国。おりから開催中の大阪万博、アメリカ館の仕事に関わりながら、8月には活動の拠点を開設して、翌71年1月にそこをギャラリー「モリスフォーム」としてオープンさせた。場所は大阪市南区（当時）の屈指の歓楽街、宗右衛門町から少し北に行ったところのグリーンハウスというビルの1階だった。

「プレイガイドジャーナル」は71年7月号が創刊で、その時にはすでにモリスフォームは始動していたが、誌面には登場していない。たぶんまだ出会ってなかったのだろう。

ところが創刊3号の71年9月号で、森喜久雄の「Jam&Butter　人間が求めるもの」という寄稿が実現した。加えて、弟のイラストレーター森英二郎作「GEKKOKAMEN」ポスターの読者プレゼントが組まれていた。創刊当時の美術担当は、「フォークリポート」のデザイナーだった武本比登志と睦子から彼らがヨーロッパに旅立つ前に紹介された大橋孝子だった。彼女が取材活動を始めたときにはすでに彼らとコンタクトがあったのだろう、編集会議であがった記録は残っているが、その事情はもう覚えていない。彼女の記事の一部を紹介する。

――ギャラリーの可能性はもはや限界かと思われる時、突如、ギャラリーの空間を拡大しようとペーパーギャラリーなるものが出現した。創ったのは、モリスフォームの森喜久雄氏である。（中略）ペーパーから映像へ、電波へとあらゆる可能性を試してゆくだろう。（大橋孝子）……（「プレイガイドジャーナル」71年9月号）

モリスフォームの創立メンバーは森喜久雄と森英二郎、それにカメラマンの夏谷英雄だった。

ギャラリーに出展したメンバーには、森喜久雄とつながりのあった「具体」に属する美術家の村上三郎、渡辺宏、今井祝男ら、後に大麻裁判で僕らも応援した美術家の芥川耿、森喜久雄の妻レベッカ・ホーギン・森らの名が見える。続けて、71年5月にペーパーギャラリーというコンセプトで月刊「Jam&Butter」を創刊し、この誌面での出品者もあって多様な美術家を集めた。

しかし、いわゆるギャラリーのみでのモリスフォームの活動は短かった。71年末からギャラリーだけでなく種々のイベントも企画するスペースに転換したのだった。その意図を森喜久雄は、4年後に活動を総括した『ジャムアンドバター終刊号』で書いている。

――モリスフォームは、一年間の美術表現媒体より、その空間を開放、可能性のみを求めたフリースペースと化した。そこにはギャラリーとしての活動に求められない人間を追求したかったのと同時に、アートという分野の規制を自ら我らの空間に敷くことを恐れたからだ。そして音楽、フィルム、シンポジウム、ダンス、万才、図書と世代表現のあらゆるものを可能として、そのバリエーションの元に、我々はまた次の生活に入った。……（『ジャムアンドバター終刊号』プレイガイドジャーナル社刊／75年）

――前衛芸術の実験室としてのワクがはめられてしまった。来年からもっと人間の対話が生み出せる新しい空間として再出発する。……（朝日新聞記事より／71年12月）

当時はもちろんライブハウスはなかったし、その名称も生まれていなかった。音楽や演劇はホールや会館で、美術は画廊やギャラリーで、映画は映画館やホールで公開された。喫茶店は音響

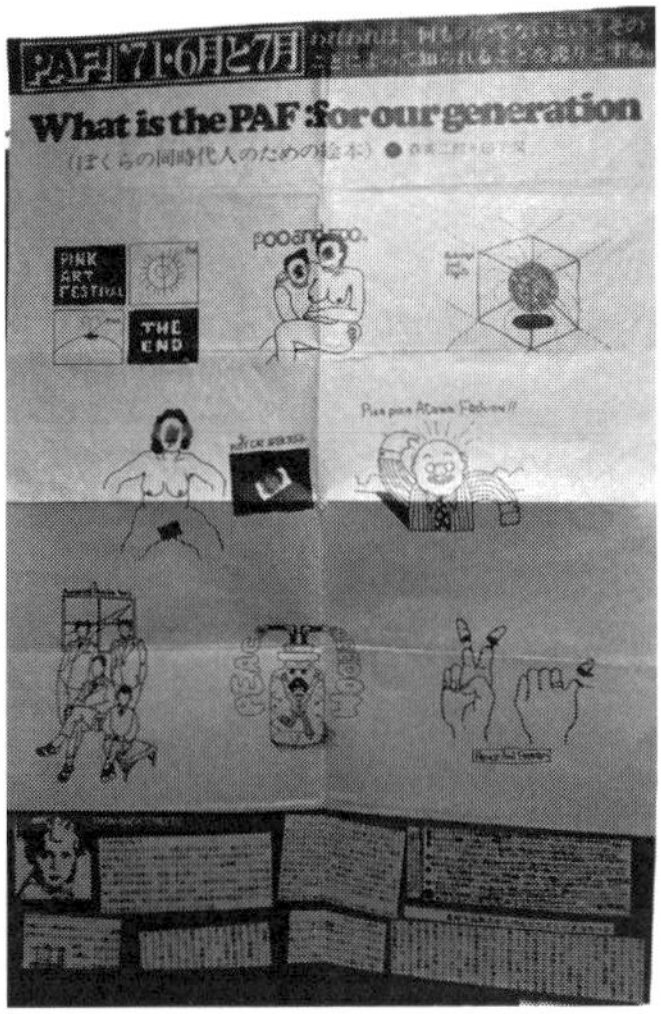

「PAF!」71年6月

装置を競ってレコードをかけていた。

しかし、その枠組みからはみ出す表現活動が少しずつ本来の場の建前を壊していった。公園や銭湯も手をあげたし、映画館や画廊も一般イベント公演に門戸を開いたし、レコードを聞かせていた音楽喫茶が、時にジャズやフォークソングのミュージシャンの出演で演奏を聞かせる店になり、「インタープレイ」とか「生演奏」を売り物にして、後には「ライブ」というようになった。また各種イベントのスペースになった。

その動きのなかでも、モリスフォームが画廊から「イベント」スペースに方向を変えたのは、ずいぶん早い決断だったといえる。

「Jam&Butter」という印刷媒体を発行し、各種の活動拠点となったスペースは、アートの出品者・表現者もそうだが、日々の観客も多数集めたし、また企画者、いわばプロデューサー志向の人々も多く結集していった。

日下潤一もその一人だろう。彼はモリスフォームという場で種々の活動を多発させていた。71年2月に〈ぼくらの同時代人のための絵本〉という新聞「ＰＡＦ！」を創刊し、それがモリスフォームとの出会いになって、第2号に森英二郎が参加することになった。これは確実に「Jam&Butter」の発刊を促しただろうと思われる。寄稿者の中に村上知彦の名もあった。また6月には自主映画

「Jam&Butter 1」71年5月

作家の上映会「フィルム・ジャム」をスタートさせ、イベントスペースへの試みになった。

一方、森英二郎は自身のイラストを中心に「ハローアゲンスタジオ」の名でスタジオ内スタジオ、プライベートスタジオの活動を始めていた。

さて、ペーパーギャラリー「Jam&Butter」はモリスフォームの中心的なメディアとして、アメリカからの投稿も加えて多くの美術家の作品を収録し、発行を重ねていった。2号からすでに日下潤一が編集やデザインに携わっていた。

創刊号はA３判４ページで、12人が絵や写真を出品している。さらには号を重ねて最大22ページにまでふくらんだ誌面は、村上三郎、元永定正、坂本昌也、今井祝男、芥川耿らをはじめ内外の多彩な作家が出品した。

## ペーパーメディア花ざかり

当時、多くの活動的な人を集めたのはスペースに限らない。もちろん僕らの雑誌「プレイガイドジャーナル」でも同じだった。月刊雑誌を発行しているが、もとより「出版社です」などという意識はなかった。「組織」ではなく「群」だといっていた。来る者は拒まず、去る者は追わず。それなりの考えをもってやってきたメンバーは、その翌日から編集・制作・販売スタッフとして

「GLASS EYE 1」72年6月

一緒に行動したのだ。創刊から号を追うごとに増えていって、いつも十数人が出入りしていた。

71年12月に日下潤一がプレイガイドジャーナル社に顔を出した。彼は東京キッドブラザース公演を大阪で主催するにあたって、情報掲載のために訪れたのだった。僕はそれを引き受け、さらに話すうちにデザイナーだということも知って、創刊後半年たっても表紙からして試行錯誤が続いている実状を話して協力を得ることになった。モリスフォームに依って自主製作映画の上映会などの活動をしていることも知らされた。

彼は翌2月号から誌面刷新に取り組んだ。その力量に目を見張ったが、のちに森喜久雄から「すごいやつだろう」と言われ、うなずきあったものだ。

モリスフォームはイベントスペース、自由空間としての展開が広がり、にぎやかになるし、定期刊行する印刷メディアもパワフルに全面展開していった。「Jam&Butter」に加えて2誌目となるジーンズ世代のマガジン「THIS IS A PEN」を72年3月に、ハローアゲンスタジオが中心になって創刊し、6月にはペーパーギャラリーの写真作品版「GLASS EYE」を創刊した。

また、3月には日下潤一が中心になって「THE MAGAZINE」を創刊、これは当初は独自の発行所だったが4号からジャム&バター社

「The Magazine 3」72年5月

に合流した。

「Jam&Butter」と「GLASS EYE」はペーパーギャラリー上での作品展示というコンセプトだったが、「THIS IS A PEN」は読物やイラスト、情報が中心になった一般雑誌に近い編集で、寄稿者もどんどん広がっていた。「THE MAGAZINE」は、「春一番」の初期スタッフだった上田賢一が編集を担当した音楽新聞といえるだろう。

各雑誌への出品や寄稿する表現者とは別に、これらスペースと印刷メディアに依って何らかの活動をするメンバーも増えてきた。レベッカ・ホーキン・森、日下潤一、井筒和幸、村上知彦、渡辺仁、岡島浩、安部洋子、富田茂人、山本山権兵衛、北野政道、諸戸美和子……。

70年代初期のモリスフォームに集まって活動しはじめていた一人に映画監督の井筒和幸がいる。81年にATGとプレイガイドジャーナル社の共同製作で、脚本に西岡琢也を得て『ガキ帝国』を完成させ、その年の日本映画監督協会新人賞（奨励賞）を受賞した。それまでにも『性春の悶々』（75年）、『肉色の海』（78年）、『足の裏から冥王まで』『暴行魔真珠責め』（共に79年）を発表して着々とキャリアーを積み重ねていた。「プレイガイドジャーナル」にも連載が続いたが、森喜久雄のモリスフォームが蒔いた種が大成したともいえると思う。

（右）森英二郎表紙の「THIS IS A PEN 10」72年12月
（左）井筒和幸表紙の「THIS IS A PEN 6」72年8月

井筒和幸のその後の活躍は良く知られているが、ここではモリスフォームが出していた「THIS IS A PEN」の表紙に登場したのを紹介しよう。彼も懐かしがってくれることだろう。もう1号、当時を知ってもらうために森英二郎の登場も並べる。

村上知彦は当初、ガリ版の週刊「月光仮面」を発行しながら参加し、のちにチャンネルゼロ立ち上げメンバー、「プレイガイドジャーナル」編集長も。『黄昏通信』（79年）、『情報誌的世界のなりたち』（79年）などの著書がある。渡辺仁はのちにプレイガイドジャーナル、有文社、サブ編集室で、諸戸美和子はハローアゲンスタジオで活動する。

さらに大阪では、71年5月に第1回「春一番コンサート」（春一番71）が天王寺野音で開催された。こちらはよく知られているように、難波元町にあった喫茶ディランを拠点に福岡風太や大塚まさじらが中心になって始めたのだが、以降79年まで毎年5月の大阪独特の我々世代の音楽の祭りになる。

この春一番に関連した紙メディアの発行も特記しておきたい。（これは「別冊雲遊天下1」（10年5月）で「春一番ドキュメント・福岡風太の〝こだわり〟を追う」特集を組んだ）

70年4月、春一番の前年に開催された野外コンサート「BE-IN LOVE-ROCK」で、すでに同名の新聞が発行され、71年2月には「NEW MORNING」が「春一番71」に向けて刊行、73年4月には「土曜情報」が同じく「春一番73」に向けて発行された。

わが「プレイガイドジャーナル」も含めて、大阪はミニコミ、マイナー系雑誌が百花斉放の感があった。それぞれ月刊をうたい、週刊もあったが、ほとんどが組織的な販売網をもたずに、少部数発行で、手渡せる範囲での作り手と読者の関係をよしとし、独自のコミュニティーを形づくり、もとより赤字刊行は覚悟の上だった。もちろん、この3集団の刊行以外にも大阪には数多くの個性豊かなミニコミがあった。

この3集団「モリスフォーム」「春一番」「プレイガイドジャーナル」の（発行名義はそのつど変わったりもするが）刊行する印刷メディアのそれぞれの紙面作り、編集、あるいはデザインには、日下潤一が関わっていた。

## 「モリスフォームLA」オープン

森喜久雄はスペースの運営と各出版物をプロデュースし、また自身も出展する作家でもあった。そして彼の次の挑戦は、5年間を過ごし友人たちも多かったアメリカにも向けられた。モリスフォームLAの開設だ。

72年6月にそのプランを持って妻のレベッカ・ホーギン・森と共に渡米した。カリフォルニア芸大時代の友人たちとで倉庫を借りて、モリスフォームLAは8月にオープンした。ヒロ・コサカのオープニングパフォーマンスでスタートし、9月には嶋本昭三個展が開催された。

## 『大阪青春街図』を共著で

さて、「プレイガイドジャーナル」ではモリスフォームの記事や森喜久雄の寄稿が続いていたが、具体的な共同の仕事がスタートすることになった。

73年2月に大阪の出版社六月社書房から、「プレイガイドジャーナル」で集めている情報を1冊の本にまとめないか、と声をかけられたのだ。

創刊して2年が経ち、部数は増えてきたとはいえ毎号赤字が続いていて、当初集めた資金も底をついていたし、僕の生活の維持も困難を極めていた。多くのスタッフが関わっていたが、実状でいえば、僕は唯一の専従者で、他はフリーランスの集合体だったのだ。

しかし、雑誌と並行して取り組んでいる事業は、興行の企画主催、編集制作の請け負い、情報提供サービスなど、予想以上に増えてきた。僕は編集・発行をやりながら並行してそれらに取り組んで、雑誌会計と個人収入を改善させようとがんばったが、どうにも限界だった。

単行本の編集企画が決まったことはいいタイミングだった。編集長を林信夫にバトンタッチし、僕は事業・制作・単行本部門に専従して広げていこうと決めた。

六月社書房には提案を受けると返事した。本誌では毎月の情報を追って時間軸で編集している

『大阪青春街図』73年

が、単行本では面の情報を中心にしようと考え、ホールや会館、映画館、画廊、演芸場、加えて喫茶店や個性的なスポットなど、いわば我々の活動や表現の拠点を最大限収集掲載することにした。

そのためには、イラストルポやマップなど、図版展開が不可欠なので、モリスフォームといわば共著でやらないかと声をかけたのだった。さいわいモリスフォーム内にハローアゲンスタジオをつくってイラストを描いていた森英二郎が中心になってやるという返事を得たのだった。

書名は『大阪青春街図』とした。地図やイラストルポを表した「街図」とガイドをかけた新しい言葉を作ったつもりだった。これによって『京都青春街図』『神戸青春街図』の続編も可能になった。

73年5月に完成し、まずは好調な売れ行きで、増刷にかかり、また第2弾として『京都青春街図』をやろうということになった。しかし、まもなく六月社書房は倒産してしまったのだ。

僕らは、「プレイガイドジャーナル」刊行と周辺事業が個人では手に負えなくなったので法人化を考えていた。少し前からそういったことに強い松田一二がスタッフに加わっていて、彼を中心に一挙に進むことになった。組織ではなく群れだと書いたが、そんな雑誌部門と、より収益をめざす企画制作部門をあわせもった株式会社「クリエイト大阪」が9月誕生した。

『ヤングタウン』73年

ただし、これは結局はやはり無理があったようだ。数年後には、大勢のスタッフの集合でわいわいやっていこうという「プレイガイドジャーナル」編集部と、少数精鋭でやりたいクリエイト大阪の方向性がはっきりしてきて、それなら兄弟会社でお互い協力しながらやればいいと、別れるのだが。

さらに11月には、倒産した六月社書房の編集担当だった山田一と松田一二が中心に単行本出版社「有文社」も発足した。このあたりの事情は多数会社を作って連係していくという松田一二独特の組織論があったと思う。

有文社がスタートして、当然「青春街図シリーズ」が柱になるのだが、僕はさっそく「京都青春街図」の編集制作にかかった。

それとは並行して、若い世代に人気だった深夜放送「ヤングタウン」の毎日放送ラジオに松田一二が関わりがあったので、その番組本をやろうということになり、こちらは元六月社書房の編集チームがとりかかった。

この本にも『大阪青春街図』と同じく、ハローアゲンスタジオの森英二郎に放送スタジオのイラストルポなど依頼し、短期間で無理を言いながらも仕上げてくれて、『ヤングタウン1』(有文社)は12月完成した。

また74年3月には『京都青春街図』(有文社)を完成させ、

増刷されて倉庫に眠っていた『大阪青春街図』を、債権者会議から印税代わりにもらってカバーを掛け替えて同時発売し、いずれもよく売れた。

こうして、有文社はスタート時から好運なラインナップに恵まれたが、これら一連の流れは森英二郎・ハローアゲンスタジオを中心にしたモリスフォームの協力なくしてはできなかった。

「青春街図シリーズ」は神戸を出し、さらに各地の協力者を得て、名古屋、東京、札幌、福岡や、大阪と京都、神戸は改訂版まで継続した。

### モリスフォームを閉め出版物は休刊へ

さてモリスフォームに戻ろう。

森喜久雄は72年8月のモリスフォームLA開設もあってアメリカに滞在することが多くなった。そのうえ、写真作品と16ミリ撮影機での映像撮影にうちこんでいた。広大なアメリカが呼んでいるようだった。「ベニスビーチ」「サウスウェストへの旅」「ソノマグローブの実験生活」などの作品が発表された。

一方で「Jam&Butter」は73年5月、17号をもって休刊した。

森喜久雄は総括する。

――紙の上のギャラリーを意図したが、ミニコミブームの中で出版物化していったこと、これは最終的に間違いであった。あくまでもギャラリーとして出発した一枚の紙が本になってしまうと、そこには何の初意もない。概念が移行してしまった。……（『ジャムアンドバター終

モリスフォーム「おわかれのあいさつ」
73年12月

刊号』75年）

「GLASS EYE」「THIS IS A PEN」「THE MAGAZINE」も前後して休刊した。

あくまでギャラリーだというコンセプトが持続できなくては出す意味はなくなるが、通常の印刷メディアの発行においても、根本的に継続の困難さはあるのだ。書店流通を持たないで携わる一人一人の手売りに頼るしかなかった、というか、手渡せる範囲での読者とのコミュニティを作りあげることでよしとするようなところもあった。しかし、定価を付けているとはいえ、１００円までで、それでどう印刷代を払えばいいのか。

刊行意図や思いは大きなものがあるが、現実は厳しい。「GLASS EYE」はアメリカでの森喜久雄の活動もあって再度復活するが、73年春の休刊の事実は確認しておこう。

さらに半年後に、残念な「あいさつ」が届いたのだった。

――「モリスフォームからのおわかれのあいさつ」

１９７０年秋に発足したモリスフォームも、１９７３年12月末日をもって閉鎖致しました。ギャラリー、自由空間、ミニライブラリーと毎年形を変えてやってきましたが、新年と共に、グリーンハウスから姿を消しました。……（「あいさつ」73年）

数々のアートのパフォーマンスや展覧会や、北京一・京二漫才定例会、ザ・ディランⅡ、寺山修司、山下洋輔トリオ、パントマイム、本田良寛らの多彩なイベントがこのスペースで開かれ、その様子は『ジャムアンドバター終刊号』に掲載されて記憶にとどめている。いくら書き手やデザイナーがそろっていても印刷メディアの継続はむずかしいが、それ以上に便利な場所ということで繁華街にスペースを維持することは、毎月の家賃や維持費が重くのしかかってくる。森喜久雄は書く。

――フリースペースは成功した、というより人気のある空間となり、別に何がおこることもなくとも、人は毎日、カンパコーヒーを飲み続けた。無料ということの厳しさと尺度を植えつけることに役にたった。ギャラリーが無料画廊といわれたのと同じように、無料茶店といわれた。この無料というのは、決して我々に財力があったわけでも、特定のスポンサーがついたのでも何でもない。ただ、金銭的な関係の必要のない場所として存在することに、現実社会から離れた別社会としてのルールを作りたかったのだ。（中略）オーラの放つ精神エネルギーで運営されたことは信じている。（中略）この金の尺度を原点にしない運営法は、金のないことを恥じることもなく、逆に頼らない「陽気な貧乏人」となったことがうれしかった。

……（『ジャムアンドバター終刊号』75年）

**「春一番」で映像撮影**

モリスフォームなき後、森英二郎や諸戸美和子、高橋秀夫らが集まったハローアゲンスタジオが南区東清水町に事務所を開設し、森喜久雄もそこを連絡先にして、ロサンゼルスと往復した活

「春一番74」で撮影する森喜久雄と森英二郎、福岡風太（上右写真）レベッカ・ホーギン・森（下中写真）（糸川燿史『グッバイ・ザ・ディラン II』ビレッジプレス／06年1月より）

動になっていった。むしろアメリカでいる方が多かった。

「春一番」は71年から年毎に充実していい野外コンサートになっていった。73年には、コア・スタッフとして最強の福岡風太、阿部登、日下潤一、堰守の4人がそろい、会場を数千人が埋め、中津川フォークジャンボリーなきあと、唯一の野外コンサートになって、一つのピークだった。

しかし、74年5月の「春一番74」はついに爆発した。観客は客席にあふれ、熱狂し、酔っぱらって騒いだ。ステージにまで駈け上がっていき、そこここでケンカが起こり、騒然とした場面もあった。

より自由に、自主的に、参加者の意識で回を重ねる毎に大きく育っていくだろうと思われた野外コンサートは、この年には少し暗雲がただよったのだった。僕には69年ハンパクや71年「中津川フォークジャンボリー」会場で起こった混乱、歌を民衆の組織・行動の道具と捉えようとする人びとからプロのシンガーや主催者への突き上げなどのこともまだ生々しかった。春一番のステージと客席も同じなのか、そんな心配もあった。

しかし福岡風太らスタッフはぶれることなく乗り越え、79年まで続けたのだった。

一方、森喜久雄は愛機ベル＆ハウエルの16ミリ撮影機を入手して、「春一番74」のステージや会場、盛りあがっている野外コンサートを撮影していた。僕は入り口横で売店を出させてもらって雑誌を売っていたが、そんな彼の勇姿を間近に見ていた。彼は映画作家を目指していたのだろう、親しい者は彼を「カントク」と呼んでいた。

かくして森喜久雄は、「春一番」のもっとも初期の貴重な映像記録を残したのだった。思えば春一番のはじまりには映画『ウッドストック』があったのだし、「春一番」も当然音と映像の記録は頭にあったことだろう、カントクの残したフィルムは貴重だ。現在はＤＶＤ化されて春一番オフィス資料庫におさまっている。

なお、映像では79年の「春一番79」を永田健一が撮影している。彼は現在家具工房ＺＯＯを主宰。一方スチール写真は、よく知られているように糸川燿史が毎年撮影し、その集大成は「春一番」をふり返るとき、また大阪の70年代を語るときなくてはならない定番といえる。

## 「アメリカ夏の陣」に協力

74年2月ごろISAの佐々木慶久から「プレイガイドジャーナル」に海外旅行の広告出稿の話があって、さらにバークレーの大学寮が1か月間滞在できるのでアメリカ・フリーツアー企画をやらないかと持ちかけられた。僕らは前年にパリ・ツアーを実施したばかりだったし、雑誌の集客力が期待されはじめていたのだ。

実現できればおもいっきり楽しいだろうなと思い、友人の友人だった佐々木慶久も僕らのことはよくわかってくれているようだったので、そのサポートを全面的に頼ることにして、7月出発の「アメリカ夏の陣」をやることを決めたのだった。

74年4月には関西汽船主催でコーラルプリンセス号でのグアムクルーズがあり、これも広告掲載とあわせてその船内イベント企画を頼まれていた。

そのイベントの出演メンバーの一人として北京一にも依頼した。彼はモリスフォームで漫才定例会をやって森喜久雄とも仲がよかったし、渡米計画をあたためていたのだ。僕らも「同時代芸人」という誌面とイベントの連動する企画でつき合いがあった。彼はこのツアーでグアムまで行って、帰路を別れて、単独で直接ロサンゼルスに飛ぶということを決めた。森喜久雄を頼っての武者修業に踏み切った。

同様に、僕も「アメリカ夏の陣」をプランニングするに当たっては森喜久雄の協力をあてにしていた。また、アメリカで取材経験のあった田川律にも付き添いを頼んだ。田川律は大阪労音事アメリカ夏の陣74「SUMMER OFFENSIVE」
ポスター

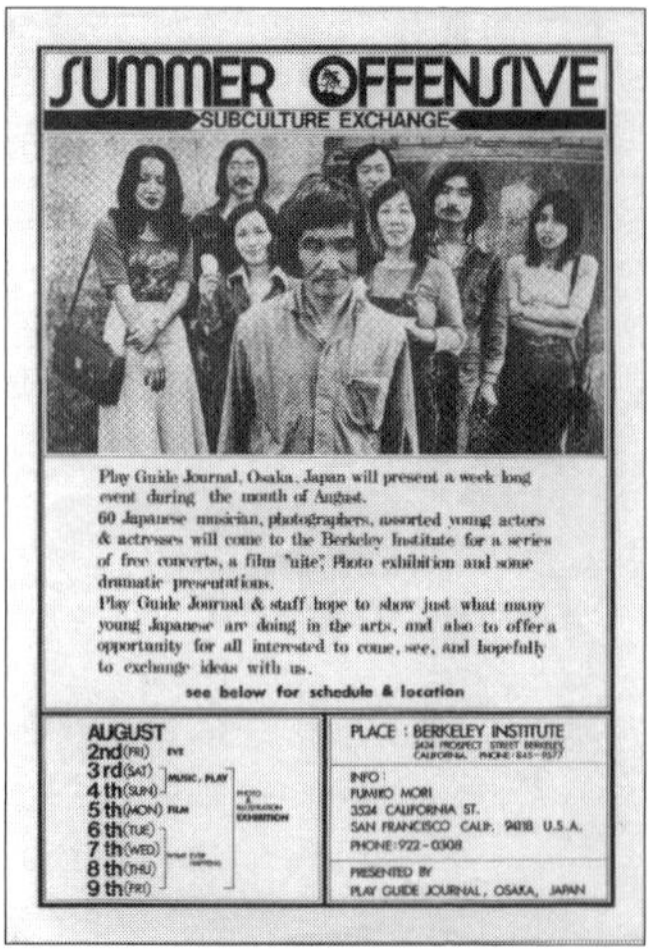


務局時代に一緒に働いて以降、彼が「ニューミュージックマガジン」編集を経て音楽評論や舞台監督を仕事にしている時期を、僕は「フォークリポート」「プレイガイドジャーナル」編集で追っかけていたのだ。それからもずいぶん長い、２０１９年の現在もつき合いは続いている。

74年6月、アメリカ夏の陣前夜祭を大阪ＹＷＣＡで開催した。森喜久雄は16ミリの作品を上映し、田川律は１か月の生活、過ごし方を語った。

出発までに「アメリカ夏の陣新聞」を3号作った。宿舎はあるものの、１か月間の行動はまったく自由な旅行、というよりも生活してみようという企画だったので、その生活のためのノウハウを、参加者に提供しようとしたのだ。

食事、気候と衣類、移動・交通機関、周辺地図、各種ショップ、音楽映画演劇美術スケジュールなどの記事を掲載したのだが、そのために、森喜久雄にはアメリカ滞在時に情報収集を依頼して、彼は住んでいるロサンゼルスからバークレー、サンフランシスコまで足を運んでくれて、野外コンサートからライブハウス、大学構内のイベントまでをチェックしてくれた。

また、僕らは無謀にも現地の人々との交流のために、ＵＣバークレーのキャンパスで展覧会やイベントを企画していた。彼はそのＰＲのポスター「SUMMER OFFENSIVE」をバークレーの街に貼って回ってくれたのだ。

幸いツアーは70人以上の参加者を得て、7月28日、羽田空港から出発、僕らは機中の人になった。

さて、バークレーのドミトリーに落ちつき、1週間のイベントを終えた頃、森喜久雄は僕らの宿舎まで会いに来てくれた。レベッカ・ホーギン・森と森英二郎もツアー参加者だったので、ともに再会を喜びあった。こんな所で会えるなんて、想像もしなかったことだ。

彼は近くのBerkeley Innを宿舎にしていた。ある日全員でサンフランシスコに住む姉の森文子とブライアン・マクウィリアムスの家庭を訪ねようということになった。二人はサンフランシスコ空港まで迎えに来てくれていたのだ。

西海岸に住む若い夫婦の家庭を親しく訪ねて、その生活ぶりを垣間見せてもらい、森喜久雄のよく言っていた「ニューライフスタイル」を生きる人を知った。

――質素な生活を楽しむことのできる人間は、もっとも裕福な人間であり、自分たちの生活尺度を、自分たちの尺度として、価値を作ってしまうことが、生活を有意義にする。……（『ジャムアンドバター終刊号』75年）

その夜は一晩中、初めて体験したウォーターベッドの上で、ゆらゆらやさしく揺れながら、みんなして音楽を聞きながら、日の出をむかえたのだった。

翌日の帰り道、近くの駅までみんなを車に乗せて運転する森喜久雄にレベッカが、「運転にしっかり気をつけるように」と声をかけていたのが今でも耳に残っている。まだ醒めやらぬ境にいたのだったから。

パントマイムを修業中だった北京一もやってきた。ロサンゼルスで3か月が過ぎたころで、日本が懐かしくなっていたのか、たちまちツアーのメンバーと仲良くなっていたが、帰国日が近づいてきて、彼は一人で別れてロサンゼルスへ帰ったのだった。アメリカの音楽をたっぷり吸収し、パントマイムをマスターし、マライカというダンサーで指導者を妻に得て北京一が帰国するのは翌年の春だった。

あっという間に1か月を過ぎ、全員無事に日本に帰り着いた。信じられないことだが、トラブルにも遭わず大成功だったのだ。賢明な参加者に感謝したい。それにしても我々の体験した感動は大きなものがあったと思う。無事にこの旅行企画をやりとげたことは、僕にとっては何ものにも代えられない自信になった。

## 「GLASS EYE」復刊とアメリカへ移住を決める

森喜久雄は73年末にモリスフォームの維持が困難になり、出版物も休刊にしてしまった。自身は写真・映像作家としての活動へ舵を切っていたと思う。写真表現と16ミリ映像で広大なアメリカを撮影しようとしていた。同時に、断たれた雑誌メディアへの思いも強くあった。ロサンゼルスでの活動が増え、アメリカの写真家と交流する上で、ノンバーバル・コミュニケーションとして、写真雑誌「GLASS EYE」をまず復刊しようとした。

そのための新しい体制を組み直した。ハローアゲンスタジオ内にグラスアイプロダクションを立ち上げ、「GLASS EYE」の復刊を図ったのだった。

「GLASS EYE」VOL.2-1は74年12月発行。判型はキャビネ判が原寸表示できるＡ４変型、40ページの堂々としたものだった。定価は￥５００／＄２・００。中心スタッフは、森喜久雄、糸川燿史、夏谷英雄、リチャード・マシュー、バージル・ミラノ。

75年４月には「GLASS EYE」VOL.2-2を出し、これは60ページにまでなった。

森喜久雄写真作品

「GLASS EYE　VOL2」76年3月

そして、5月になって、森喜久雄から日本の住まいを引き払ってロサンゼルスに移住するということを聞いた。「GLASS EYE」VOL.2-3からの態勢は、グラスアイプロダクションを大阪のハローアゲンスタジオ内とロサンゼルスの自宅の両方におき、アメリカやヨーロッパにも販路を広げるというものだった。デザイン・制作はハローアゲンスタジオがあたり、印刷は従来通り日本でやる。また日本での販売はプレイガイドジャーナル社が引き受けるということになった。

継続刊行の一応の形が作れたので、活動の拠点をロサンゼルスにおいてアメリカでより大きく飛躍しようと判断したのだろう。

森喜久雄のアメリカ移住を聞いて、僕は何かやらないといけないと思い続けた。この機会に彼の5年間の活動を再確認したい。そうだ、まずは壮行会をやらなくちゃあと。そしてできればモリスフォーム3年間の記録集を、その日に同時刊行しようと、またもや無謀なことを考えたのだった。

75年5月18日に「春一番」会場の天王寺野音で会った糸川燿史と相談し、ついで24日に森喜久

「ジャムアンドバター終刊号」ケース／75年

雄も加わって概要を決めた。6月30日「さらば大阪——森喜久雄ラストショー」。すぐに僕らのホームグランドだった島之内教会（小劇場）をおさえた。

それからが大車輪だった。出演者と交渉し、構成を決め、一方で記録集の編集プランを出し、3年間の主だった素材を集め、原稿を書き、またぎりぎりの制作をハローアゲンスタジオが担ったのだ。まだ僕には単行本制作の経験も浅かったが、なに！「プレイガイドジャーナル」なら毎月2週間で作っているのだ！　と、徹夜続きも平気な若さだった。

表紙はグランドキャニオンをヘリコプターから撮影した森喜久雄の近作。その表紙がポストカードにもなっていた。さらに、各ページの下隅にはパラパラアニメを配し、そこでは森喜久雄とレベッカ・ホーギン・森のキスシーンが進行するという、遊び心たっぷりだった。また、森喜久雄のつき合いのあった日本ケース（株）の好意でケース入りの本になった。

「さらば大阪」の当日は、森喜久雄・カントクの16ミリフィルム上映で始まり、大塚まさじ、西岡恭蔵、金森幸介の歌と演奏、北京一と妻・マライカのパントマイムとダンス、村上三郎と森喜久雄対談、記念撮影で締めくくった3時間の構成、満員だった場内は一つの時代を送る気持ちでいっぱいだった。司会は森喜久雄。会場の一画には糸川燿史の写真スタジオも開設された。僕も友人たちと記念写真をたくさん撮ってもらったが、今でも懐かしい。

記録集・森喜久雄&ハローアゲンスタジオ編『ジャムアンドバター終刊号』(75年)も完成して当日会場に並べることができた。これは僕らが「プガジャマガジン」シリーズとして刊行を始め、最初の糸川燿史写真集『GOODBYE the DYLAN II』に次いでのVol.2になった。

75年7月10日、森喜久雄を伊丹空港に見送った。

彼は、タヒチに飛び、イースター島に渡り、チリへ。それからペルー、メキシコと北上するルートでロサンゼルスへ帰った。多様な文明と出会う旅を味わったことだろう。母国語のように英語を自在に話して、現地の人びとコミュニケーションのできる能力はうらやましい限りだ。80年代に入って、やはり長く海外滞在だった宮崎宏と出会ったときもそうだった。宮崎宏とは83年にパキスタン旅行企画を一緒にやることになる。

すでに僕の先の本とダブってしまうが、森喜久雄との触れあいをたどるうえでどうしても書いておきたかった。触れていないエピソードを加えながらもう少し続けよう。

その後、ロサンゼルスの森喜久雄とひんぱんに手紙のやりとりをすることになった。76年1月の手紙では、渡米後数か月の慌ただしさも過ぎ、Brunswick Ave.に居を定めたようだった。

「元旦には砂漠の地平線に初日の出を友人や日下君（潤一、当時渡米してLA在住）たちと拝みに行ってきました。（中略）事務所兼スタジオも設け頑張っています。グラスアイ3号も遅れましたが2月10日発行をめざし、現在編集を進めています。日本のディストリビューションをよろしくお願いします。（中略）半分を日本で、半分をアメリカとヨーロッパで販売したいと思っています。（中略）コマーシャルフォトが圧倒的なので、その反作用でファインアートフォトやコンセプチュアルフォトが注目されて単行本もかなり発行されています。」

「GLASS EYE」VOL.2-3は76年3月に、VOL.2-4は9月に刊行された。さらに9月の手紙で意気込みを伝えてきた。

「自分の仕事は現在、グラスアイに集中しており、イギリスのクリエイティブカメラ社が英国及び全ヨーロッパのディストリビューションをしてくれるという夢みたいな話です。美術館で一番よく売れます。当地ではある程度知れ渡り、遠くは南米、ニューヨーク、ニューメキシコ、シカゴなどでは販売扱いの依頼手紙が来ます。ウェストコーストは次々にすばらしい作品に恵まれます。メディアとは本当に動いていくものだなと痛感しています。ニューメキシコ大学の美術館から全面的に販売したいと。僕にできることは何でもやって、グラスアイを運営する覚悟です。」

　しかし、日本での販売はなかなか軌道に乗らなかった。プレイガイドジャーナル社の全国書店流通はまだなかったし、雑誌の直販店を頼っての限界もあり、どのように広げていくかの方法をまだ持っていなかった。さらにハローアゲンスタジオが8月に解散し、森英二郎は渡米したのだった。ロサンゼルスで二人が会ったさい話しあったのだろう、森喜久雄はそれを聞いて、「良い経験となるだろう。ラジカルな解散で、きっとインプルーブするものがあるでしょう」と書いてきた。

「GLASS EYE」VOL.2-5の刊行は、森英二郎の新しい事務所・ダイヤモンドスタジオのスタートした77年1月だった。

この間のわがプレイガイドジャーナル社も大きく動いていた。75年7月に株式会社に改組、76年7月に編集長は林信夫から山口由美子に代わった。12月には事務所も心斎橋に移したのだった。クリエイト大阪や有文社と分かれてお互いが兄弟会社として活動し始め、年が変わった77年正月、僕らスタッフ全員が新しい意気込みに溢れていた。

雑誌や興行、新しい印刷媒体など可能な限り活動を広げた。有文社から「青春街図」は継続して出していたが、それとは別に独自に単行本の出版にまでも踏み込もうとして、当初は「プガジャマガジン」シリーズ、いわば雑誌別冊の形で経験を積み重ねているところだった。書店流通への模索もはじめたが、「GLASS EYE」には間に合わなかった。

## ロサンジェルスの森喜久雄スタジオで再会

「アメリカ夏の陣」は毎年実施し、76年はアメリカ建国200年に当たって120人という大所帯でのツアーになった。

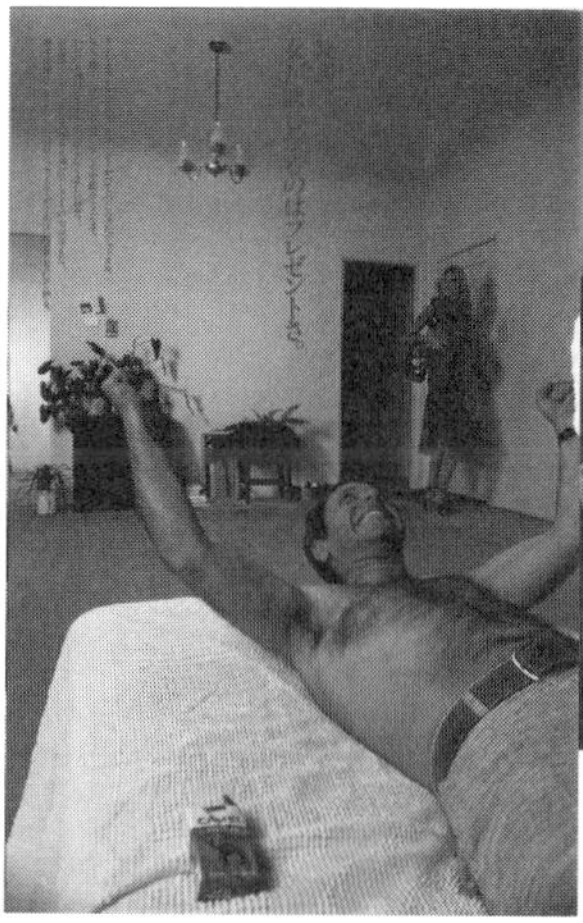

森喜久雄スタジオ（77年8月　ロサンジェルス）
（左）ソニー「JACKAL」の広告写真

さて、77年の夏の陣は、1か月のうち前半をロサンゼルスで、後半をバークレーで滞在する企画を組んだ。3年目なので少し変化をつけてみようと考えたのだ。それによって森喜久雄の自宅・スタジオを訪ねることが容易になった。

7月26日、森喜久雄もよく知っている何人かを誘って、地図を見ながらBrunswick Ave.にあるスタジオを訪ねた。途中スーパーで日本食材を買い込み、手によりをかけた和食を味わってもらおうという考えだ。一緒に行ったメンバーには、スタッフの森晴樹と、前述の94年に「雲遊天下」創刊号でインタビューをする紀乃公子や、のちにバリに惚れこんでアイランドの「バリ・トロピカルマジック」スタッフになった銅版画家の飯田三代らがいた。

着いて部屋に入ると、天井が高く、緑のプラントを壁面に並べ、ずいぶん広い、気持ちのいい雰囲気だったので今でも忘れられない。帰国後、その部屋をあるグラフ雑誌で発見したときは驚いた。テレビとラジオとカセットレコーダー一体型のソニー新製品「JACKAL」の広告写真が撮られた場所になっていたのだ。彼は撮影コーディネーターをやっていたという。

この写真で部屋の様子がわかってもらえるだろう。

手紙だけでのコンタクトでやってきていたが、会えば実際の状況も話しあえるし、当面する困難も確認できるのだ。彼のそのころの主要な仕事は、日本のカメラマン（かなり著名な人もいたそうだが）が、アメリカでコマーシャルの撮影をする時のコーディネートを請けおうことで、長時間の拘束が続く重労働だという。当時はソニーの仕事が続き、この日もやっとあいた1日を訪ねたのだった。

宴会は大いに盛りあがり、楽しい時間が過ぎ、それではさらに飛び立とうと、夜のグリフィス公園、グリフィス天文台に案内してくれることになった。この広大な公園が、車で少し走ると西側の山地に広がっているのだ。まるで自分の庭のように。

そこから見渡すロサンゼルスの夜景は、この日の祝祭の大団円、『未知との遭遇』だった。UFOが飛びまわり、我々は本気になってそれらを追いかけまわった。


**「プレイガイドジャーナル」でネオン・パークの表紙が実現**

森喜久雄はポラロイド写真を多く撮っていたし、西海岸の空気感があふれている楽しい作品ばかりだったので、それで「プレイガイドジャーナル」の表紙をやろうと話が盛りあがった。

帰国後、山口由美子編集長と編集会議に提案して決まり、翌78年4月号から半年間、依頼する

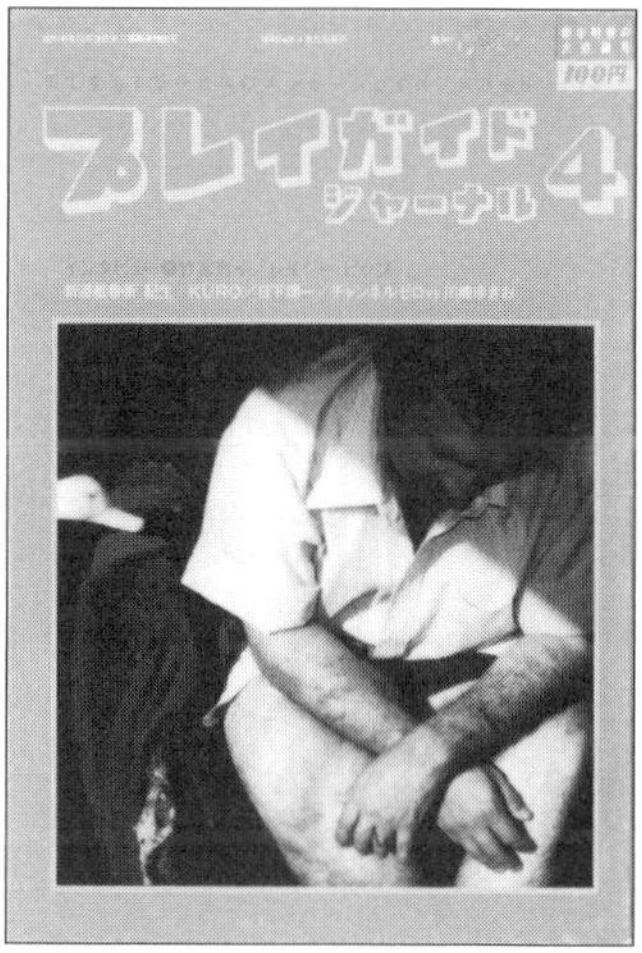

（右）ネオン・パークの表紙絵（ダックシリーズ）の「プレイガイドジャーナル」79年3月
（左）ネオン・パーク自身を撮った森喜久雄表紙の「プレイガイドジャーナル」79年4月

ことになった。すぐに6枚のポラロイド写真がコメントとともに送られてきて、毎号の表紙を飾った。日本のポラロイド社に広告の話もつないでくれた。

また、森喜久雄はネオン・パークと親しくしていて、彼にも表紙を頼んでみようということになった。まさかネオン・パークが僕らの雑誌に、と半信半疑だったが、森喜久雄の手紙は、

「彼は売れっ子だけど、僕から頼めば断らないことはわかっているので、ある程度のギャランティと、表紙に1回使用するだけで原画は返却する、という条件を守ってほしいと」と言ってきた。続いて、

「ネオン・パークはカバーをやってくれることになりました。彼は現在忙しくて、ちょうどローウェル・ジョージのアルバムカバーのペインティングをやっと終えて、アニメーションにとりかかっているところです。双方が落ちついてからゆっくり話しあって、きっと素晴らしい作品を展開してもらいます」と。

信じられないことだった。そして、78年10月号から1年

間と、途中で森喜久雄撮影のネオン・パーク本人の写真を1号加えて、全13か月続くことになった。

8月には山口由美子編集長がアメリカ夏の陣に参加し、ロサンゼルスで森喜久雄と会って話しあい、原画やスライドを預かって帰るのだが、ずいぶんアメリカが近くなったものだ。まるで大阪の事務所間のような具合だ。

「できればネオンとミコちゃんと一緒に会えればと思いますが、8月は忙しくなりそうですし、彼もドクター・ジョンのアルバムにかかっており、どうなりますか」という感じなのだ。当時やりとりしていた手紙からもう少し。

「ネオン・パークは忙しい中でプガジャの表紙のペインティングを選んでいます。12月号は、現在ローウェル・ジョージが持っているネオンの描いたサンタクロースの絵になることは決まっています。この絵は、ローウェル・ジョージが病院に入院していたときも、この絵だけはベッドの上に飾っていたという逸品」。

ローウェル・ジョージはこのころリトル・フィートを解散してソロアルバムにとりかかっていたが、病気がちだったという。いずれにしても森喜久雄の手腕と好判断で奇跡が実現し、また、山口由美子編集長のもと、もっとも好調な「プレイガイドジャーナル」時代がしばらくは続くのだった。「この10月号から新しくネオン・パークのカバーが始まります」と森喜久雄の寄稿が載った。

――ネオン・パークはロックンロールと自分を或る時期に同化してしまった。彼は、「若い頃、コンサートのポスターの仕事をしていて、いつも舞台裏でコンサートを楽しむ事が出来た。そして、眼前に、ジミー・ヘンドリックス、ジャニス・ジョプリン、ジム・モリソンが…。僕はこの時ロックミュージックのグルーを見たと同時に、そのエネルギーは体の中に吸いこまれた」と言っている。彼のファンキーな絵の発想の種は、この時に植えられたのかも知れない。

……（「プレイガイドジャーナル」78年10月）

## ビレッジプレスがスタート

80年代に入り、大きな変化が起こっていた。世の中はバブル景気が近づき浮かれたようになっていたが、わが「プレイガイドジャーナル」は逆風が吹き始めていた。あふれる金を奪いあうように情報誌の世界も競合誌がいくつか出現した。広告がそれらにどんどん流れ込んでいるようだった。僕らはあいかわらずなのだが、財政的な逼迫は日常化し、広告の底上げを図るべく情報誌の潮流に乗ろうと83年1月には雑誌の判型を拡大し、輪転機で刷るなど、身の丈に余る進路変更をした。この道しか突破できる方向はないように思えた。

編集長は、山口由美子から80年3月に森晴樹に替わり、81年10月からは村上知彦に替わった。そして周到な準備をして判型拡大を乗りきり、誌面改革はやりとげたが、広告や財政上では好転させることができなかった。増えた印刷代はさらに財政状態を悪化させ、僕は日々綱渡りのように過ごしながら、スタッフの給料やギャラは滞りがちでだんだん余裕がなくなっていった。

84年4月に編集長は小堀純に替わり、編集部は依然元気だったし部数も維持できていた。しかしこの財政的困難を乗り越えるのに僕ではあまりに非力だった。情報誌に興味を示すいくつかの企業に声をかけた84年1年間の蛇行した経緯は『プレイガイドジャーナルよ』にくわしく書いた。
85年には印刷代の支払いができなくなって、紆余曲折があったが、本誌の印刷会社から助けようという申し出があり、継続刊行を前提にした経営移譲の形が決まった。編集・広告・販売の全員はそのままで、小堀純編集長の編集方針にも変更なく、代表者村元と役員が退陣・退社して、新しい社長・経営陣でスタートしたのだった。僕は創刊から15年やってきたが、終わったのだ。

僕は一人になってビレッジプレスを立ち上げたのが85年9月だった。新経営陣は「プレイガイドジャーナル」という雑誌だけでやっていくというので、僕はできれば単行本を続けていきたかった。しかし、ビレッジプレスは出版社でございといっても、それで食えるわけではなく、なんでもやるつもりだった。事務所は21世紀ディレクターズユニオン社を立ち上げていた林信夫と合同で西天満に借りた。そして、プレイガイドジャーナル社時代から取りかかって、まだ企画が継続していて、僕の責任で出さなければいけない本にまず取り組んだ。

元「プレイガイドジャーナル」編集スタッフで85年に亡くなった浦野成治の企画で、かなり進行していたトニー・ウィーラー『シューストリング東南アジアの旅』（86年2月）を1周忌までに完成させた。これは売れる売れないは関係なく出さなければならない本だった。
浦野成治は74年のアメリカ夏の陣に参加してから帰国後編集スタッフに加わった。何年か思いっきり走りまわってかかえきれないほどの仕事をやってから辞めて海外に飛び出していったのだ。いわばこのころに僕らの考えや行為を一番尖鋭に体現していたといえた。彼のことはすでに既刊で書いたので繰り返さないが、85年2月12日亡くなってしまった。まだ29歳だった。亡くなる前に持ちこんできた企画がこの本の翻訳出版だった。すでに僕はオーストラリア在住の著者と彼の所属するロンリープラネット社とは契約していた。

翻訳はさがらひとし、北井香織、古賀ふみ、森口幸枝が進め、ずいぶん多かった本文地図とイラストは浦野成治の連れあいだった柏原三知子が描いた。

大詰めとなって86年1月東京の日下潤一の事務所を訪ねた。彼と村上知彦が84年に東京へ出て、一緒に編集とデザインの事務所を開いていたのだ。浦野成治と仲の良かった二人、カバー絵の飯田三代、デザインの日下潤一と、そして柏原三知子も加わって最終を決めた。

同じく中断していた中島らも『啓蒙かまぼこ新聞』も村上知彦によって動きはじめた。先のわからない変化の渦中では消滅していてもおかしくなかったのを、彼がつないでくれたのはありがたかった。

まだまだ僕自身のケリやけじめをつけなければいけないことがいっぱいあった。単行本の出版活動を中心にしたかったが、書店販売の流通窓口である取次口座がまだなかったし、取引が開始できるかどうかもわからなかった。

プレイガイドジャーナル社の新経営陣は雑誌以外は引き受けなかった。僕が永年取れずにたまった未払い給料や会社への貸付金と相殺する形で単行本在庫を引き取ることに決まっていた。それは倉庫ごと引き渡されたので、倉庫負担を減らすために、かなりを断裁処分せざるを得なかった。

在庫を売りながらビレッジプレスをスタートさせたが、当初はその販売流通にプレイガイドジャーナル社の取次口座を使わせてもらえたのはありがたかった。その取次、東販（トーハン）や日販、大阪屋（大阪屋栗田）など全国書店販売の口座開設の交渉も、中島らもの新刊『啓蒙かまぼこ新聞』を87年12月に完成させると同時に契約できることになり、一安心だった。

チャンネルゼロも出版活動を活発化させる方向で動き、新刊いしいひさいち『バイトくんブックス1』もラインナップに入るという加勢もあって、難関の取次もOKせざるを得ない方向だったのだ。冨岡雄一や峯正澄、いしいひさいち、村上知彦らが立ち上げたチャンネルゼロは、独自の出版活動を80年の「漫金超」や『バイトくん3』からスタートさせていたが、その書店流通も担当していたので、その責任も果たすことができた。

## アメリカから帰国

そんななかで森喜久雄との連絡も途切れがちになっていたのだが、彼の方にも厳しい状況があったのかも知れない。あるいは万端うまくいっているのだろうと願ってもいた。彼はネオン・パークと共同でバンブースタジオを立ち上げ、絵や写真で新しいメディアをスタートさせるという計画を話されたこともあったが、その後のことはもう連絡がなかった。

バリ展（86年2月／大学堂画廊）

森喜久雄がロサンゼルスを引き上げて帰国したのは84年だった。しかし、僕はそのことに確実な記憶がないし、記録も残していない。そのころはどうしていたのだろうか。

記録では僕は85年10月10日に彼と大阪城野音で出会っている。この日のコンサートは西岡たかしが提唱した「アフリカ難民飢餓救済チャリティコンサート」だった。西岡たかしは83年から「うたワークショップ」をギャラリーピクチャーで連続開催していて、その区切りにこの野音コンサートを企画したと、当時音楽雑誌「パル」をやっていてコンサートのスタッフだった瀧川典幸から教えてもらった。

そのとき会場で会った森喜久雄と何を話したか。ビレッジプレスの新しい事務所に個展の案内ハガキが届くようになったのは86年からだった。それは南区の画廊で開く「バリ」の油彩展で、バリ島の現地の男を描いた絵ハガキだった。最初にバリ島へ行ったころの作品だろうと思う。アメリカ夏の陣の最後のころを一緒にやった旅行代理店ＴＩＣが79年から「バリ・トロピカルマジック」というツアーを企画して以来、バリ島は僕らの目的地になっていたし、森喜久雄も同じ思いだったのか。彼はのちにバリ島を永住の地に決めるのだ。

さて、その後も茶屋町画廊やトータルギャラリー、そしてギャラリーピクチャーなどで個展を続けて、そのつど案内も受けとったし絵も見せてもらった。

ギャラリーピクチャーもまた80年代の僕らの拠点の一つだった。南区を東西に延びる周防町、御堂筋を境に東側はヨーロッパ村と名づけられて、西側のアメリカ村やプレイガイドジャーナル社と対照していた。東側には島之内教会（小劇場）があり、すぐ北にはハローアゲンスタジオがあり、この84年オープンのギャラリーピクチャーもあった。

71年にスタートしたモリスフォームは「具体」のメンバーに近く、ギャラリーピクチャーはイラストやサブカルチャーで出発したという違いはあったが、既成の画壇とは一線を画していたと思う。そのためかモリスフォームに集まっていたクリエーターや「プレイガイドジャーナル」のメンバーとも親しく近所つき合いするようになった。キュレーターは小原千恵子だった。彼女を頼って個展をやったイラストレーターや画家、カメラマンも多かった。

『ハンドワークノート』（プレイガイドジャーナル社／79年刊）を出した百木一朗が、その後「プレイガイドジャーナル」に「直す現場」を連載していたが、その個展をやった時に連載をまとめた本をギャラリーで出したこともあった。僕は30年後にその集大成版『直す現場』（ビレッジプレス刊／11年）を出版することになるのだが。

## 壁面アート軌道に乗る

89年5月、トータルギャラリーで個展「桂林」をやっていた森喜久雄に会いに行くと、一人でカツ丼をとって食べていたところだった。最近は油彩に取り組んでいて、個展を続けていること。また、アメリカから帰ってきて大阪の街に思うことは、あまりにも実利的に作られていると感じ

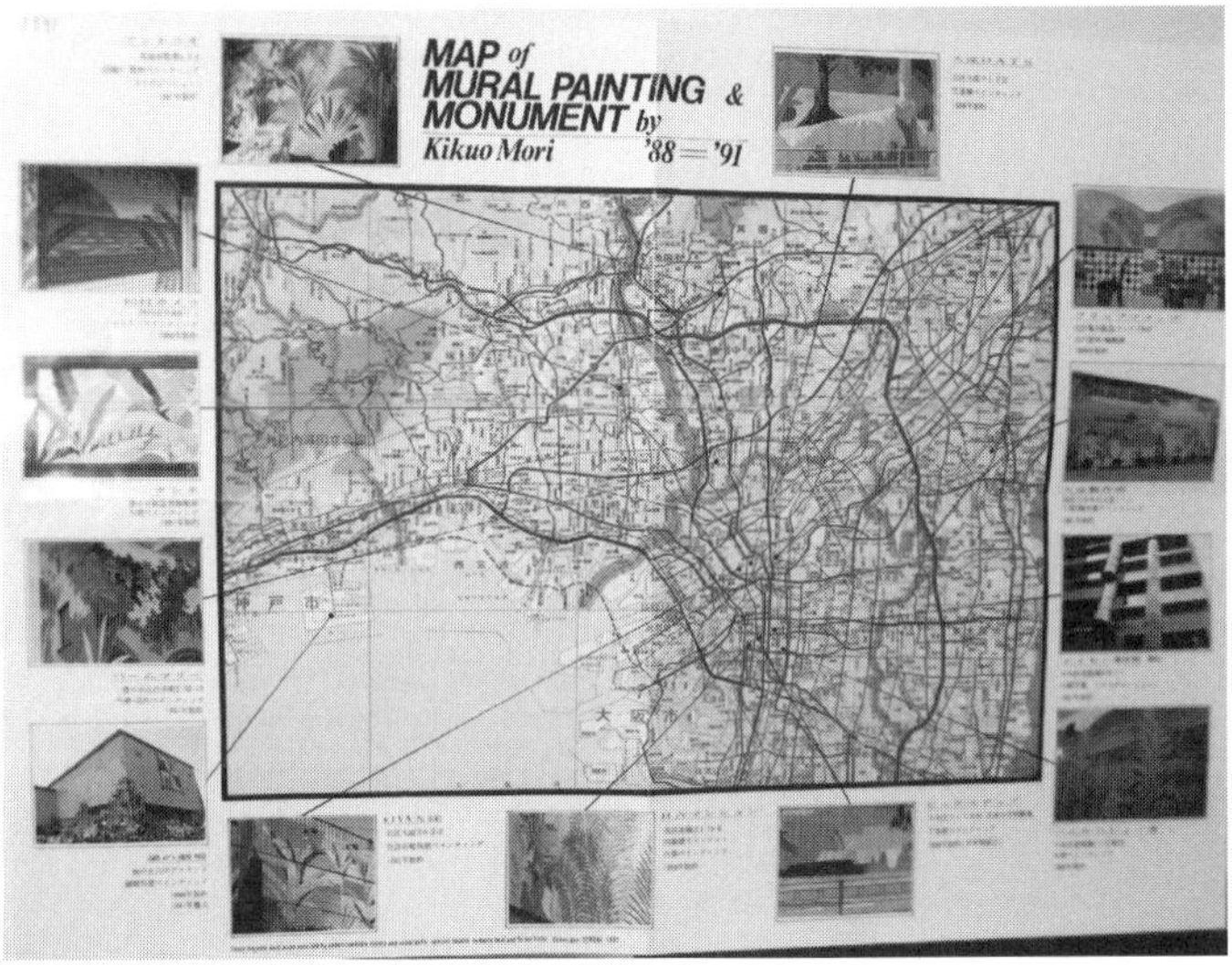


て、「街にアートを」、パブリックな場所に広告ではなくアートを表現すべきだ、と今井祝雄らとで提唱して建物の壁面や工事現場の塀に作品としてのアートを描き始めた。それが話題になって、壁画ペインティングが軌道に乗りつつあり、中心的な活動になっているということだった。かなりな広がりを知って、まずは一安心。現在も描いているというので、近く見にいくということで別れたのだった。

後日壁画ペインティングの現場を訪れた。確か大淀区の工事現場の塀だったが、100メートルの広大な壁面、南国の緑の葉が茂る大木が何本も描かれていて、数人が色を塗っていた。

彼の提案は注目され、描く場も増えて取材もされ、90年には第1回大阪市都市環境アメニティ表彰（壁画の部）を受けることになった。街の景観作りに貢献したという評価だろう。森喜久雄はインタビューされて、

——僕は自然がモチーフで、テーマは光。南カリフォルニアの太陽が自分の色相の尺度になってい

「壁画、開かれたメディア」パンフレット

ます。（中略）大阪をネオンの夜だけでなく、昼間もグラフィックな街にしたい。（中略）工事塀ですから3年のいのち。はかないものですけど、見てくれる人は美術館より多いし、コミュニケーションもあります。……
（毎日新聞／90年2月24日）

**「スタジオストローク」オープン**

90年になって森喜久雄の新スタジオ・ストロークが大阪市西区にオープンした。まず「ワンナイトショー」という名でのオープニング展&パーティの案内が届いたが、それによると6月に河内正明「心理的関係シリーズ」、7月に藤本由紀夫インスタレーションとパフォーマンス「テーブルミュージック」と、2企画があった。10年間続くストローク時代の幕開けだった。

91年3月31日には森喜久雄の結婚を祝う会がアメリカ村のライブハウスで開かれた。どうやらレベッカ・ホーギンとは88年に別れたようだったが、こういうことは僕はくわしくないし触れないでおこう。森喜久雄47才の青春だ。なんとも形式ばらない、ざっくばらんな、本人たちがいちばん楽しんでいる会だった。会場の一角では弟の森英二郎、北京一や金森幸介、僕も含めて昔からの連中で大いに盛りあがった。

続いて5月24日には、僕の当時やっていた仕事の取材と撮影で森喜久雄の創作現場を訪ねるこ

森喜久雄（「伸びゆく大阪89　わたしの大阪」より／88年9月／撮影＝小川弘之）

とになった。

ビレッジプレスの活動の一つとして、僕はカメラマングループとで写真に関わる制作チームを組んでいた。はじまりは小林正典写真集『太陽のせいなの？　東アフリカ飢餓国境からの報告』（81年／プレイガイドジャーナル社刊）の出版だったが、その後彼のカメラマン仲間やデザイナーも加えて、まわりに集まる写真家たちの写真集の企画・出版や、写真が中心のPR誌の制作などを継続していた。もちろん僕は写真は撮れないので編集・テキストや制作進行、出版担当なのだが。

86年には大阪市広報課が発行する年刊写真集「伸びゆく大阪　わたしの大阪」の制作コンペに僕らのチームで参加し、結果大阪市と契約ができて、この年から何年か撮影取材が続いたのだった。

そして、88年制作の『伸びゆく大阪89　わたしの大阪』では、森喜久雄の創作現場を撮影することを組み込んだ。9月、仲間のカメラマン小川弘之と一緒に中之島の竹中工務店工事現場に行って、壁面いっぱいに絵を描く森喜久雄を追っかけた。

　またこの日は、描き上がった壁画の前で絵を鑑賞しながら、20台のピアノを持ちこんでの合同ピアノコンサートという企画だった。会場には参加者もおおぜい集まり、何とビール飲み放題だった。

　ところで相棒の小林正典とは、彼の写真集をその後何点も出版した。ここ数年でも『3・11と1・17大震災』（11年）、『黄色いハンカチは揺れている〜3・11三陸ノート 五年の伝言〜』（高尾具成と共著／16年）、『マザー・テレサと神の子』（16年／いずれもビレッジプレス刊）がある。

## 「フリコン OH! MY ENDLESS SUMMER」に来場

91年9月1日に、服部緑地野音で「第8回フリコンOH! MY ENDLESS SUMMER」が開催された。会場では久しぶりに懐かしい顔ぶれと会った。福岡風太、阿部登、上田賢一、森喜久雄夫妻、森英二郎、永田健一、金森幸介、村尾和泉・節子、山口由美子、諸戸美和子、田島典子、橋本佳代子ら。

　天王寺野音での春一番コンサートは79年を最後に終了していた。そして82年8月に、どっこいやってやろうではないかと、服部緑地野音で金森幸介とZサウンドの村尾和泉が旗揚げしたのが「フリコン」だった。当時の野音の様子を村尾和泉が書いている。

　——この野音を70年ごろに初めて見た印象は、草はらに丸い小振りな舞台、とても牧歌的ですっかり気に入ったものです。（中略）ところが82年にいざ使ってみるとなかなかの難物。ステージは思ったよりも広いわ、後の壁は音が変に反響するわ、ステージ前の客席は草ぼうぼう、

（左頁）金森幸介CD「緑地にて」97年

おまけに電源の容量は少なく電圧は低いなど、さんざんの思いでコンサートを進行させた。終演も近くなり、ふとステージから会場を見ると後方の背の高い何本ものプラタナスが風になびき、そのはるかうしろの空が薄くオレンジ色に染まりはじめ、という美しい景色が目に飛び込んできて、すべてを忘れてしまったものです。……（第10回「フリコン」パンフ／93年）
夏の終わりに開催され、フリコンの名の通り入場無料！ 多くのスタッフと出演者が支えたのだった。93年まで10回続けてきて、金森幸介＆The Mellowが連続出演を果たしている。会場は何回か改修されて現在の柵のある服部緑地野音になり、そこでは96年からは復活した春一番コンサートが続けられている。

70年代の春一番、80年代のフリコン、そして95年からの春一番復活と、1本の途切れない流れのように続いているのだ。僕は毎年参加していたが、それを楽しんできた我々も20年30年と年を経てきたことに気がつく。

95年には阪神・淡路大震災が起こり、春一番復活が光玄や郭早苗との出会いになって、僕は彼のCD『宙を舞う』に協力した。その集まりの中で、次は金森幸介のCDを出そうということになった。

そして金森幸介の発案で服部緑地野音のステージ上でレコーディングすることが決まった。いわば彼のホームグランドだ。96年10月の爽やかな秋の日、青空には雲が流れ、客席に誰もいないからっぽの野音で格別の時間だった。その様子は収録曲と森英二郎のジャケット画、デザイン日下潤一に記録されている。CD『緑地にて』は97年9月、次いでCD『静かな音楽になった』は99年10月、ビレッジプレスからリリースした。

## 個展続く、「雲遊天下」創刊号でインタビュー

ともあれ、森喜久雄の物語に戻そう。

93年4月にアメリカ村のギャラリーパライソで森喜久雄「アイランドスケープ」展があった。このときもバリ島へ行ってきた成果を披露している。いよいよバリ島にのめり込んでいったのか、魅せられていったのか。

——友だちがバリに家を持っていて今回はそこに2週間滞在してた。その家は村の中にあって周りの人はもう村人だけ。庭なんかすごくきれいに造ってある。ちょっと行けば川で沐浴もできるし、屋台で食事もできる。

バリには何か懐かしいもんがいっぱいある。それは日本が高度成長するために切り捨ててきたもんなんやけど。人間がまだ手で何が作れるか、例えば織物や絵とか、そういうもんをバリは見せてくれる。

今回の旅行ではインドネシア語をすごい勉強した。笑うてたら案外通じる国やから。……

（「パライソ」展パンフレット93年）

94年3月12日、紀乃公子とで森喜久雄を訪問したことはすでに書いた。スタジオストロークを興して4年になり、仕事も定着してきているようだ。今回は、渡米前後のこと、アメリカでの生活や活動、当時のアメリカ社会のことなどを主に聞き、話はつきなかった。アメリカ社会への批判や自身のヒッピー的な当時の生活などは、現在の仕事の広がりへの影響を考えて触れないようにしようという彼の申し出もあり、興味深い体験もずいぶん聞いたが、雑誌記事以外の話はもうすっかり忘れてしまった。

このインタビューを掲載した「雲遊天下」創刊号は7月に無事発行した。挿画は森英二郎に依頼した。彼ともライブ会場で会うくらいで、長い間一緒の仕事は途絶えていたのだ。やっぱり雑誌あってのもの、さっそく創刊2号（94年11月）から表紙の絵を描いてもらうことが決まった。うれしい限りだ。僕の「雲遊天下」は07年11月発行の44号まで続くことになる。（その後、10年に五十嵐洋之編集発行で復刊し、現在も継続）

94年には森喜久雄は新梅田シティ・スカイビルの空中庭園展望台待合ロビーで2回個展を開いている。6月「SUMMER EXHIBITION」、10月「自然の庭バリ、ロンボク島」。スカイビル建設中に、機械室壁面に壁画を描いた縁があったのだろう。

そして、11月12日の川西りんどう祭。森喜久雄は川西市役所市民ギャラリーでの「ワンデーミ

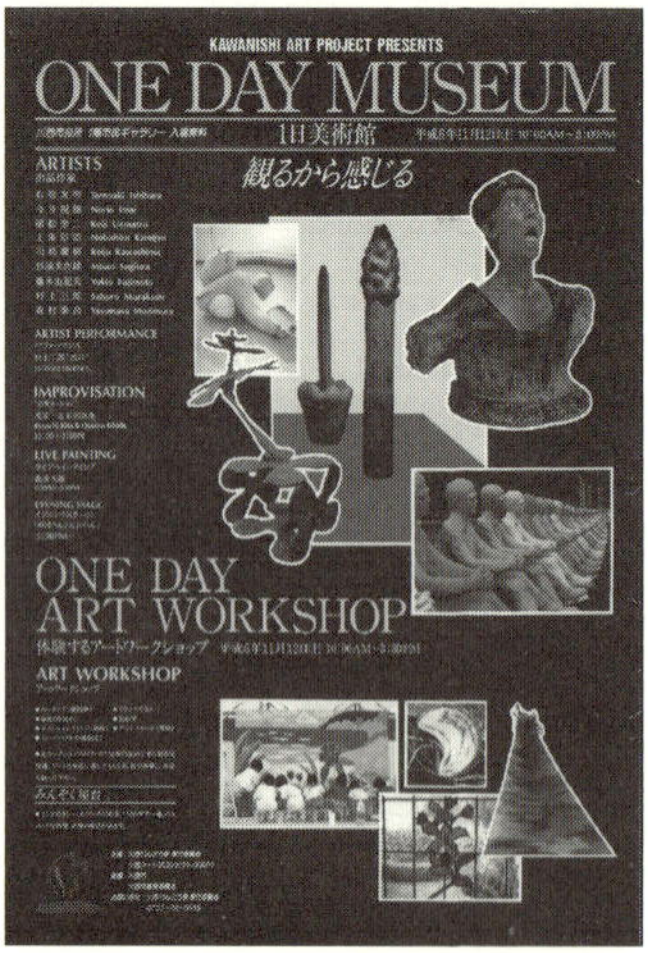


川西りんどう祭「ワンデーミュージアム」
パンフレット／94年11月

ユージアム」、市役所駐車場での「ワンデーアートワークショップ」を企画した。

「ワンデーミュージアム」は、村上三郎のパフォーマンス、北京一と石田長生の即興セッションがあり、出展は今井祝男、植松奎二、藤本由紀夫、村上三郎、森村泰昌ほかだった。そして森自身のライブペインティングもあって大いに盛りあがり、かつてのモリスフォームの集大成の如きアートプロジェクトだった。

「ワンデーアートワークショップ」では、壁画や染色エッチングなど体験イベントをくりひろげた。会場には、山口由美子、村上知彦、諸戸美和子らの顔もあったし、僕は一日中参加して、秋の好日を十分に愉しませてもらった。

全体の制作は「クリップ」が担当していて、帰りに豊中市の新しい事務所を訪ねた。クリップはビレッジプレスと同じく84、85年ごろのスタートだったか、野口菜穂を中心に着実な仕事を重ねていた。スタッフの森田裕子、田島典子、橋本佳代子はかつてのプレイガイドジャーナル社で一緒だったのだ。85年に離れたメンバーと、新経営陣のもとで編集を続けたメンバーとに分かれたが、それも87年には残った全員が辞めてしまった。おおぜいのスタッフ・編集部員も三々五々別れてしまって、いろんな集団や個人で活動を模索しただろう、その中で3人はクリップに合流してその後をやってきていた。

村上三郎展（98年6月スタジオストローク）
森喜久雄「LA STORY」展
（98年3月スタジオストローク）

## バリ島に移住

さて、森喜久雄展があるときはあちこちの会場へ必ず見にいくようにしていたが、97年にCafé Galleryとしてスタジオストロークを再オープンしたと案内をもらってからは、友人を連れてひんぱんに訪れた。しかし、広いスタジオの運営はみるからに厳しそうだった。

ストローク名の年賀状は毎年もらっていたが、2001年に入って4月、森喜久雄から思いがけないメールを受けとり、びっくりしてしまった。その内容もだし、手紙でなく初めてのEメールでもあった。

「我々家族はバリに引っ越しました。ウブッドの郊外に家を借りて

2週間余りがたち、すこしずつ体も気持ちも慣れてきました。

ゆっくりと絵を描ける環境と子供を自然の中で育って欲しいという気持ちが、決心をさせてくれました。旅行と違って、住むとなるとリスクもありますが、日本で漠然と生活しているよりは、いいと思った次第です。

バリはそろそろ雨期も終わりに差し掛かり、毎日朝日とともに目覚め、夕焼けを見て飲むビールは最高にうまくのどを流れます。

すこしずつ絵を描きはじめ、町に出ることもなく、家の前に一面に拡がる黄色くなった田んぼをみて暮らしています。

シンプルな生活ですが、〝活きる〟ことを実感しています。」（1月4日10年／メール）

バリ島へ移住、しかも子どもができていたとは。一人の生き方、あまりにも僕の想像を超えた決断、僕の振幅の何倍もの大きさで行動する、世界を移動し生きる森喜久雄、何を言うことがある。バリ島時代の開幕だった。

9月には、初めて帰国し、谷町のギャラリーで森喜久雄展を開催した。さっそく出かけていって再会した。家族、子どもも一緒だった。

## バリ島爆弾テロ事件

02年10月12日、バリ島爆弾テロ事件が起こった。01年9月11日のアメリカ同時多発テロ事件がまだ生々しく、2000年ミレニアム、21世紀を迎えて衝撃的な事件が連続した。02年10月モスクワ劇場占拠事件、それまでにも99年8月ロシア高層アパート連続爆破事件、98年8月駐ケニア・駐タンザニア米国大使館爆破事件などが続いていた。

バリ島事件のとき僕は「ああ森喜久雄が住んでいる！」と思った。そしてすぐに「雲遊天下」32号（03年2月）で特集を組めないかと思い、彼に連絡し、原稿を依頼したのだった。「バリ島に住んで」というタイトルでバリ島・ウブッドでの平和な生活や日常活動、美しい自然が書かれていて、続いて、事件の様子があった。

――「クラブサリーの爆破」

ウブッドから50キロほど南に行くと、クタ、レギアン、サヌールそしてヌサドゥワなどのビーチを売り物にしたレジャーの町があり、人が多く集まる。サーフィンやマリンスポーツが盛んな所で、ナイトライフも楽しめるようになっている。特にクタ、レギアンは夕日が海に落ち、広いビーチには広大な夕焼けを観に人が集まる。

我々家族はめったにこの方面には行かないが、10月11日は家内の誕生日で、久しぶりに食事とビーチを楽しみにレギアンに行った。そして、次の日はビーチを満喫して疲れ、早くベッドに就いた。翌日ウブッドに帰ってきて日本から安否を心配する電話がかかってきて、初めてクタのクラブサリーが爆破されたことを知った。我々の泊まっていたバンガローは爆破現場から1キロほどの距離にあった。夜中に物凄い音がしたのに、我々は疲れて熟睡していた。そしてテレビのニュースを見てそのテロの悲惨さに唖然としてしまった。まさかバリにテロが起こるとは誰もが思ってみなかった。我々のニアミスにも改めて驚いた。まさに〝知らぬが仏〟である。

バリ島を震かんさせた、いや世界を震かんさせたあの夜、テレビでその生々しい映像を見ていると気分が悪くなってきた。時限爆弾がクラブに仕掛けられ、逃げる人達に容赦なく路上に駐車した車にも仕掛けられた爆弾が爆発。それはまさに地獄絵図のようだった。特にインドネシアのマスメディアの人権軽視なのか、バラバラになった身体の部分や、それを収集している映像や、黒焦げの屍体、病院に無造作に並べられた屍を写し出しているのがより悲惨さを感じた。

インドネシアはイスラム教徒が殆どで、バリ島だけはバリヒンドゥ教で古いヒンドゥ教を現在も信仰している。テロの目標が白人社会でヒンドゥ教でもバリ人ではなかったのでバリの人達には直接的被害はなかったが、その後観光客が次々と出国、飛行機便を探す人で飛行場はごった返し、潮が引くかのように観光客が消えてしまった。……（「雲遊天下」32号03年2月）

「雲遊天下」32号の編集後記も再録する。

――本誌を年3回刊にしてから、季の表示を断って単に号数だけにしたが、そうはいってもこの号は2003年1月刊。ミレニアムとか21世紀スタートから数年。希望にあふれる年号や時代の区切りを経てきたのだが、その間、想像を絶する出来事に目を奪われているうちにいよいよ大変なことになってきた。なにをどのように理解するべきか、世界的規模で複雑にねじりあった現象を矛盾なく解きほぐすほどの手法を持てないし、ひとたびそれを得ようとすると溢れんばかりの情報に溺れてしまう。そんな努力をしなくても、十分に溺れている状態なのではないかと痛感する。何らかの行動をしているわけでもないし、無力感も重なって失望は大きい。

しかし一方、周りを見渡せば、当たり前の暮らしをしながら、しかも住んでいる場所にしっかり立とうとしている人を見つけることができる。その人達の考えや行動を知ることは希望につながるだろう。

他方、ニューヨークにもバリ島にもモスクワにもケニアにも、数えれば今では世界のあちこちに住み着いている友人知人がいるだろうな。そんなことを思ったのはバリ島で爆発が起こったときだった。森喜久雄さんは当日その町に泊まっていたのだ。登場は創刊号以来だ、バリ島に移住してからの近況を寄せてもらった。（中略）

今号もそんな何人かの文章で巻頭を組むことができた。もとより本誌はミニコミだが、それなりに小さいコミュニケーションは実現することができるだろう。双方向で大量の短い発言が飛び交うネットのコミュニケーションには遠く及ばないが、比較的長文をじっくり読んでもらうことができるのは本誌の長所だ。……（「雲遊天下」32号03年2月）

## 一時帰国して個展、「雲遊天下」でインタビュー

その後、森喜久雄から送られた案内によれば03年、04年、06年と東京、神戸、池田市で個展をやったようだが、他にもあったかもしれないし、帰国し、伊豆での滞在などもあったか。また、

私生活についても知らなかった。

06年8月の市立ギャラリー池田での個展では、久しぶりに再会できると勢いこんで出かけ、「雲遊天下」42号（06年11月）で登場してもらった。インタビュアーは田島典子に依頼した。

――そういうバリ人のなかで生活をされていると、絵にもいろいろと影響があるでしょうね？

**森**　そうですね、描く気構えというか、キャンバスに向かう以前の構想とか、目に見えないものからインスピレーションを感じるというか…。たとえば花を描くとしても、花はひとつの自然を象徴するエネルギーのかたちであるというのをしっかりと感じるようになりましたね。

――自分のなかの日本人的な感性を強く感じることってありますか？

**森**　あります、あります。情緒に対する認識が高まる。たとえば花でもね、日本人って桜が好きで、1年に3日か4日しか咲かない花を1年間恋い焦がれるでしょ。この情緒、そして、散るということに対する美学、美意識は、すばらしいと思うんです。

――なんか意外な感じがする（笑）。森さんは日本的なものを否定しておられるのだとばかり思ってました。

**森**　僕は日本画のように、散る花を描くことはないけど、僕にとっては咲くのも散るのも同じでね。花が開花するのを待ち焦がれる、その気持ちを持って花を見ていて、ぱっと開花した瞬間を描く…。と、そこには、開花を待ち焦がれた僕の気持ちが出ていると思うんです。その裏には散るしかない花の宿命がある。そういう気持ちが日本人の情緒、日本人しかないものですよ。欧米人には、なんで朽ちることが美しいのか、わかりませんよ。「だって朽ちるんだろ？　それのどこが美しいんだい？」って言われると説明しようがない（笑）。

——感じ方がまるで違うんですね。

**森**　欧米人が花といえば、まずバラですよ。強くて、香りも濃厚でたくましい。枯れても枝から落ちない。散らないで枝に残る。しかもそのバラを1年中咲かそうとするでしょ。それが欧米人の花に対する美意識ですよね、生命力を愛するんです。その情緒を比べたら全然ちがうでしょ。日本は、たとえば、紅葉は秋しかないし、桜の咲く春を待ち焦がれて冬を我慢して過ごす。この完成されたアニミズム情緒。これがまだ残ってるんですね。……（「雲遊天下」42号06年11月）

**元「プレイガイドジャーナル」編集長・山口由美子死去**

08年6月18日、山口由美子が亡くなった。57歳だった。僕とは71年創刊から雑誌づくりで出稿前にはよくに徹夜を重ねた相棒だったし、70年代後半の「プレイガイドジャーナル」、森喜久雄やネオン・パークの表紙でもっとも盛りあがった時代の編集長だった。森喜久雄は「ミコちゃん、ミコちゃん」と言って彼女と仲が良かったし、モリスフォームのスタッフから「プレイガイドジャーナル」に来た渡邊仁も加わって、みんなファミリーつき合いだった。

山口由美子は80年代中ごろから秦京子や二階堂茂と一緒に、心斎橋で事務所「ハワイアンクリームカンパニー」をつくって活動していた。僕も市内で動くときの拠点に使わせてもらった。

「雲遊天下」43号（07年6月）の特集「雑誌は世につれ」では、「そんなつもりはなかったのにいつのまにか雑誌にどっぷりつかってしまった私の二十代」と、「プレイガイドジャーナル」創刊前からの話を寄稿をしてもらった。

まだ同志社大学の学生だった70年に「演劇センター68／70」（黒テント）『翼を燃やす天使たちの舞踏』大阪公演の実行委員会に参加し、引き続いて翌春の早稲田小劇場大阪公演にも関わり、さらに並行して計画が進んだ「プレイガイドジャーナル」発刊まで、そして創刊してからはもう彼女には自他ともに認める役割ができてしまったと思う、そんな体験が懐かしかった。

入退院の間にも会ってはお互いの様子を交換して、最後に病院に見舞った時は姉弟の二人がそばで見守っていた。しっかり育て上げ、立派に成人した自慢の子どもなのだ。

## 恒例になった喜多ギャラリーで個展開催

しかし、その後の森喜久雄の来日はなかなか実現しなかったが、12年になってバリ島から個展の案内が届いた。大和郡山市の喜多ギャラリーだった。僕は初めてだが、さっそく出かけた。3月、早春だった。最寄りの駅から30分ほど昔からの田園風景の街道を歩き、寺社の境内の大木が見えるとまもなくで、ギャラリーも木々に囲まれた蔵を改装したものだ。

再会した森喜久雄は頭を丸めていていよいよ風貌怪異だが、元気そうだった。バリ島では2階建ての家を借りてアトリエと住居にし、お手伝いさんを一人雇って、自炊しているという。欧米からのバカンス客を相手に絵画を教えていて、移動はもっぱら原付バイクだそうだ。彼は話す。

森きくお展「Love & peace」
（14年7月　喜多ギャラリー）

「昨年夏ごろより、もう歳だし、やりたいこともやったので店じまい、という考え方を逆転した。やりたいことをやり、今から始めることもいとわず、仕事も広げるし、絵もどんどん描く。やれるだけ、広がるだけやって、その上でいつ死んでもいい。そのままほっぽり出して死ぬ」と。

僕は新しいことをするには遅すぎる、残された時間はそれほどない、生活や人生を整理し、縮小し、手ぶらになってから、改めて、何が残っているか、を考えようとしていたのだ。しかし同じ歳の彼の考えを聞いて、ずいぶん励まされて帰ってきた。

ところが彼の元気なのは理由があった。それが翌年になって知らされたのだった。

翌13年12月にさんくすホールで森英二郎展＋ZOO展があったので、出かけた。森英二郎、永田健一や、前日ゲストで歌った金森幸介らがゆっくりしていた。森英二郎の版画やZOO永田健一の創作家具が並び、フリコンのポスターもあった。永田健一がシルクスクリーンでポスターを刷っていた時代もあったのだ。

僕も加わって話していると、森喜久雄が結婚をしたという話題が出て飛び上がるほどびっくりした。僕と同い年の70歳なのだ。そうかそれがあってこその元気な生き方が出てきたのかと納得したのだった。

**「祝春一番」に来場、喜多ギャラリーで個展**

14年5月の春一番コンサートで、いつものように服部緑地野音会場内

森喜久雄＆村元（14年7月／喜多ギャラリー）

に店を出して雑誌や本を売っていた僕の目の前に、突然森喜久雄が現れたのだった。

「本屋やっているんですか」と声をかけてきて、顔を上げると目の前に森喜久雄が笑っていた。とっさに手を握りあったが、お互いたまらなくなってハグしてしまった。彼は「あと2、3年は生きる」と僕の前に拳を固めて宣言したのだが、聞いて、もしかしてと思ったが、元気そうだし、みんなの前で訊くのもとはばかられた。横には妻の森tomocaが一緒だった。大塚まさじが会場を案内して行ったので、一廻りしてきたらまた会えるだろうと思っていたが、残念なことにすぐに帰ってしまったようだった。

続く7月に喜多ギャラリーでやる個展のハガキをもらっていたので、僕はとにかく会いたい気持ちで出かけることにした。前から案内してほしいといわれていた福岡榮子と田島典子も誘った。

2階のギャラリーのいつもの椅子に、森喜久雄は喉にスカーフを巻いて坐っていた。彼は体調を崩して東京で闘病していたのだという。声が掠れていたが、二人の女性を前ににこやかにずいぶんしゃべっていた。彼の話では、要するに近代医学を信用していない、入院を早々に切り上げバリ島に帰って自然治癒、野菜や木の葉を採りながら治していきたいという。会場には来客が多く、彼はひっきりなしにサービスしているのだが、見ていてたまらなくなった。

外に出ると、古代からの大木が空を覆うようにうっそうと茂り、涼しい風が通り、ひとときをなごませてくれる。ギャラリーは、額田部の地、推古神社のならびにあった。

「推古」は僕には思いもあった。「フォークリポート」を発行するアート音楽出版社長だった秦政明は、晩年に古代史の研究に打ち込んでいた。95年6月に自ら創刊した季刊誌「古代史の海」の制作を僕は引き受けたのだ。さらには寄稿者が執筆した古代史関連の単行本もいくつか刊行した。半沢英一『天皇制以前の聖徳太子』『邪馬台国の数学と歴史学』、坂田隆『古事記歌謡全解』『ちはやぶる・さねかづら』、中村修『乙訓の原像』『乙訓の原像・続編』など。「習わぬ経を読む」ごとく僕も少しは古代史の知識を得ていたのだ。そして、この地が推古天皇（額田部皇女または豊御食炊屋姫）ゆかりの地であり、推古はもちろん聖徳太子（厩戸皇子）が摂政だった時代の天皇だ。飛鳥や斑鳩の地で生まれた7世紀の物語を書いた原稿を何度も校正したことなどを、木々のざわめきを聞きながら思い出していた。

しかし、森喜久雄の顔を見て話したのはこの時が最後になった。

ギャラリーの帰り、途中の西大寺駅で降りて橋本佳代子の墓を訪ねようということになった。彼女は春一番と「プレイガイドジャーナル」の元スタッフで、福岡榮子や田島典子と仲良しだったが、18年前、春一番が再開した翌年に闘病のすえ亡くなったのだ。

夏の陽が残る墓前で3人は思い出話がつきなかった。そして、今になってみればこの日のことも忘れられない一日になってしまった。福岡榮子は4年後の18年1月19日亡くなったのだ。70歳だった。福岡風太は妻に先立たれてずいぶん力を落としてしまった。

この個展の間には、FM COCOLOの大塚まさじの番組「MOONLIGHT MAGIC」にtomoca

と一緒に出演し、いつもの名調子が聴かれた。(放送は14年8月)

ところで森喜久雄は、翌15年5月にtomocaとイタリアを旅した。無理を押しての出発だったようで、旅先で点滴を受ける事態にもなったと聞いた。

このとき訪れたベローナのセントアナスタシア教会で、森喜久雄は一編の映像を撮った。オーボエ奏者であるtomocaが、広くて天井の高い礼拝堂で「G線上のアリア」を思いっきりのびのびと演奏し、森喜久雄のカメラは彼女の周りをゆっくり回る。教会のオルガン奏者が伴奏し、何人かの訪れていた信者は通常のことのように祈っている。森喜久雄は身体の不調を画面の動きに見せず、何と平和な心安まる映像なのだろう。もちろん森喜久雄の姿は映像には出ない。画面の中央でtomocaがオーボエを吹き、彼女を中心に礼拝堂の内部風景が回るだけだ。しかしそこには確実に彼はいる。そんな安らぎを残してくれた。

その映像は今でもyoutubeで見られる。

「Oboe Player tomoca Pray for God【Air on G Strings/J.S.Bach】」

https://www.youtube.com/watch?v=l-Ck_uGsMGM

**病を得て帰国、治療後バリ島へ、そして訃報が届く**

癌の病は悪化し、8月に東京で手術をしてから、森喜久雄は無理を押して10月にバリ島に帰った。彼の最後に選んだ永住の地だった。いや、ずっと前から決めていたのだと思う。海外に長く住み続けた男の覚悟とも言えようか。

森喜久雄展（17年10月　喜多ギャラリー）

15年10月11日、遠くバリ島から訃報が届いた。71歳だった。

画家、写真・映像作家、そしてプロデューサーでありオルガナイザーか、紙誌メディアのパブリッシャーでもあった森喜久雄は、果実を実らせてそれを十分に味わったとは言えないかもしれない。しかしその行為は、時代の中で目いっぱい闘った、奮闘したと言える。僕も同世代としてその時代を奮闘したし、未熟な果実のままに結局は終わるだろう。しかし、その過程に意味があるし、ずいぶん愉快なことだったではないか。

どう言えばいいのだろう。彼の表現もだが、僕にはまず先に人柄がきてしまう。心弱れるときに彼の包容力を感じたこともあった。70年代初期、「プレイガイドジャーナル」という雑誌メディアが広がり始めたとき、その持つ力と自分の非力さのギャップ、新しく大阪で出現してくる芽に寄り添おうとするのだが反発されることもあったし、春一番に拠るメンバーからの批判もあった。そのころ僕の書いた文章を少し。

——この5年間いろんなことがあったし、一時は、みんなバラバラになってしまったようにもみえた。でも、この大阪という小さなエリアで、悪口いいあったり、ケンカしたりすることとのつまらなさに気づかせたのは、森喜久雄のもつインターナショナルな感覚だったと思う。彼の行動力とかスペースが、皆を知らず知らずのうちにコーチしたのだと思う。……

（『ジャムアンドバター終刊号』75年）

長いつき合いだった。あとには膨大な作品が残された。

彼と親しかった豊中市の喫茶店タンネで森喜久雄・森英二郎展が16年5月に企画され、また一周忌の10月には、同じくタンネと桃谷のスペースＭｕで一周忌追悼展が開催された。僕は両方とも出かけて企画者の諸戸美和子とで彼を偲んだ。参加できなかったが喜多ギャラリーの展示ではtomocaのオーボエ演奏もあった。

70年代「プレイガイドジャーナル」表紙を飾った森喜久雄のポラロイド写真作品が好きだった。小さな正方形の画面なので人の背を撮ると青い空とダークスーツに帽子だけとか、プールを撮ると水とコーナー石の一角だけとか、原寸大のポラロイドの特徴を生かしたものだった。ともあれ、彼が晩年に油彩で繰り返し描いたのは蓮の花とバリ島の聖山アグン山だった。今もその淡いピンクの花に抱かれて、夜空に白く輝く山を眺めているだろう。その地シャングリラで。

沢田としき「ぐるり」より
05年4月

沢田としき初連載
「プレイガイドジャーナル」
84年6月

# 第2章 沢田としきと同時代ギャラリー

沢田としき表紙画で創刊
「ぐるり」04年4月

## プロローグ

絵本作家としての活動が広がっていた沢田としきは2000年2月にキューバを訪れた。1月には映画『ブエナ・ビスタ・ソシアル・クラブ』（監督＝ヴィム・ヴェンダース）が封切られて、キューバが大きくクローズアップされていたし、彼も行く前にはこの映画を楽しんだことだろう。

思い返せば、70年前後にキューバは僕らに近づいていた。67年10月、チェ・ゲバラが銃殺されて以来、三一新書からチェ・ゲバラの『ゲリラ戦争』（67年）や『ゲバラ日記』（68年）が刊行され、竹中労がキューバに渡り68年から「メモ・キューバ」を「話の特集」に連載開始した。69年には『キューバの恋人』（監督＝黒木和雄）が封切られた。70年には岡林信康が歌うことを休止してキューバをめざした。これは渡航ビザが出ずに実現しなかったが、近しい人が何人かサトウキビ狩りの国際ボランティアに行っている。そんなこともあった。それから30年が経ったのだ。

「雲遊天下」25号（00年10月）で「島から」という特集を組んだ。そのうちの一編を沢田としきに依頼した。彼がキューバに行ったことを聞いての特集だ。キューバは島としては少し大きい、一島国だが、旅の成果を期待するところが大きかった。

僕も『ブエナ・ビスタ・ソシアル・クラブ』を3月に見て、「雲遊天下」24号（00年6月）で何とか記事を組みたいと考え、日賀志良子と郭早苗に寄稿してもらった。25号の沢田としきの寄稿はいわばその続きになるものだ。

CASA DE LA Musica
CASA DE LA MUSICAで観たアダルベルト・アルバレスのバンド

本文挿画（「雲遊天下 25号」00年10月）

できあがった彼のドキュメント「ブエナ・ビアへ」は、キューバで出会った人々、音楽、自然を、何枚もの絵を添えて紙面を飾った。彼にとっては長編の、28ページにわたる文章で書き下ろした力作だった。旅の豊かな収穫がうかがえた。その一部を再録する。

――「2月27日（日）」

カジェホンはアバナ大学の正面を背にして通りをまっすぐ歩き、500メートルぐらい行ったところを右に曲がるとある小さな通りだ。壁という壁にペイントしてあり、壁画は近くのアパートの壁までのびて、人形や立体、サンテリアの祭壇、小さなギャラリーもある。とにかくものすごいパワー。毎週日曜日に無料でルンバがみられるのでクーバ（引用注＝彼はキューバをクーバと呼称していた）の人たちがここに集まるらしい。近くのアパートの窓で飲み物を売ったりしている。絵はすべて、サルバドールという人の作品で、どうやらここのボス的存在らしい。この日もすごい人出でルンバのグループが通りの真ん中で演奏している。歌や踊りが盛り上がってくると見ていた人の中から踊り出す人もいてそれがまたみんな渋く、カッコイイ。近くでは次に演奏するグループが待機している。絵と音楽と人が一体になったこの感じを、特別の祭りでなく毎週自分たちの楽しみのためにやっているという。こんなステキなことがあるのか！人だかりの最前列で観ていると、喜びが体中にこみ上げてくる。最高の気分。真ん中でルンバが演奏され男の人と女の人が踊る。その後ろにサルバドール氏もいる。カホンとコンガが三人、カウベル、歌とコーラスのコールアンドリスポンス。そしてダンス。まったく素晴らしい。タダだから若い人だけじゃなく近所のおじいちゃんおばあちゃん子ども達も楽しみに来ている。真昼の太陽の下、セルベッサを飲みながらルンバのリズムを体で感じていると汗が出てくる。毎週日曜日アバナのカジェホンはとにかく最高だ。これが観られただけでもクーバに来てよかったと思う。……（「雲遊天下」25号00年10月）

## 「HIP」で「SAWADA COMIX」を連載、『Weekend』刊

沢田としきに出会ったのは、僕がまだプレイガイドジャーナル社時代の82年だった。大阪でNON STOPが刊行する音楽を中心にした雑誌「ＨＩＰ」があったが、そこで彼は「SAWADA COMIX」を連載していた。そのあたりから沢田としきの物語を始めよう。

「ＨＩＰ」は編集長が阿部登。彼のつながりで東京からの寄稿も多かった。知己を得ていた黒田征太郎の寄稿もあった。当時82年3月に開催されたK2展（ナンバＣＩＴＹ）にも関わっていて、僕も訪れて飲み放題だったビールをよばれたクチだ。K２に所属していた沢田としきの連載が実現したのもそうだが、彼は青森時代にだびよん劇場で兄を通じて大塚まさじとはすでに高校時代

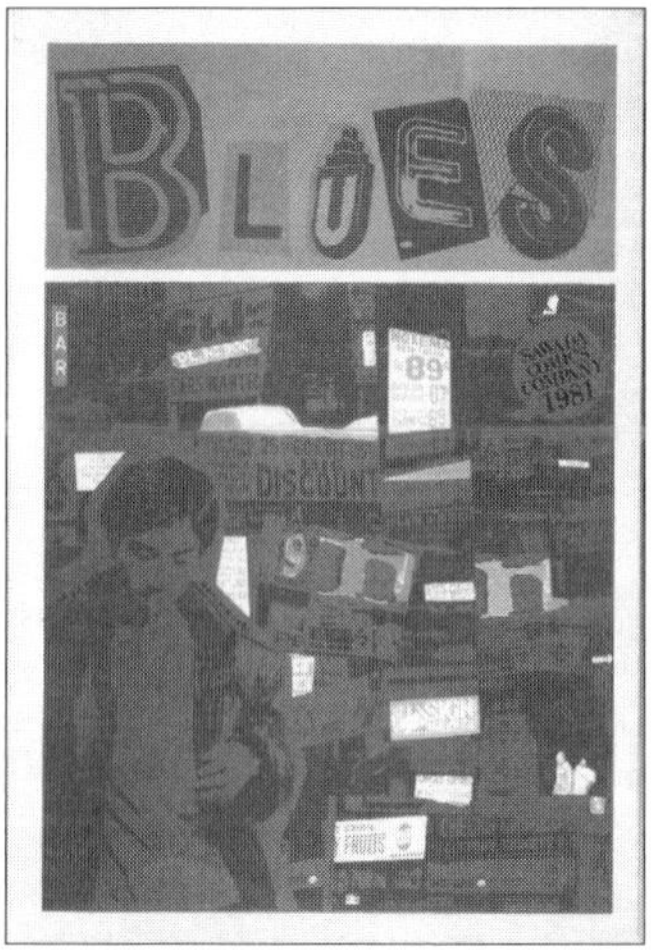


（右）「ＨＩＰ」82年4月
（左）沢田としき『BLUES』83年

から出会っていたという。

僕は毎号「SAWADA COMIX」を愛読していて、描き込まれた背景の中で登場する若者のアナーキーな行動とモノローグが好きだった。当時プレイガイドジャーナル社の単行本部門を拡充しようと力を注いでいて、沢田としきのこの連載を1冊にまとめたいと考えていた。阿部登に紹介してもらって会い、出版の話し合いを進めたが、しかし「ＨＩＰ」は82年末に休刊してしまった。

その後、単行本化の話を継続し、村上知彦が編集担当を引き受けて制作を進めたが、結果的には連載作品はそれほどたまってなくて「ガロ」など他誌の連載も集めることになった。また、この制作が進行している83年9月に沢田としきから81年の自費出版の『BLUES』（SAWADA COMIX COMPANY刊）をもらった。１６０ページの隅々まで彼の手の入った本だった。この本のことをぼくは知らなかったのだが、改めていい時期のいい出会いだったと思ったことだった。

書名は『Weekend』に決まった。裏表紙には作品世界を

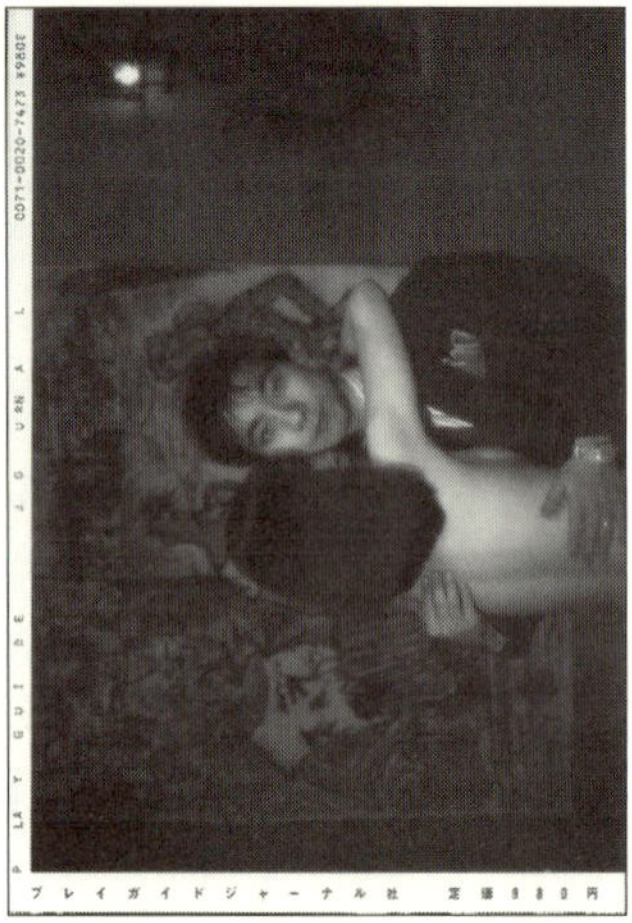


（右）沢田としき『Weekend』表紙　84年
（左）裏表紙

演じる著者と背を見せた女性モデルの写真が飾ったが、撮影は糸川燿史。沢田としきは迷わず「表紙は糸川さんの写真でいきたい」と言っていた。当時糸川燿史は「ＨＩＰ」に連載していたし、阿部登からの広がりや大阪との親近感があったかもしれない。最初の単行本が大阪の出版社から出るなんて考えたこともなかっただろう。

84年2月に東京から来阪した沢田としきと妻の沢田節子、モデルになる友人の3人とは糸川スタジオで会った。沢田としきと糸川燿史、村上知彦らのイメージのすり合わせがあったのか、撮影はスムーズに進んだ。バックの壁面には沢田としきのポスターが貼られ、その前での主人公たちの冷めたような抱擁は、物語をはらみ、僕にはゴダールかミケランジェロ・アントニオーニ映画の1シーンのように思えた。本編の「SAWADA COMIX」は姿も行動も著者のような分身が主人公だが、もとよりフィクションの世界だ。行動する街や部屋は現実のようでもあるがそうではない。登場する人びとも会ったことがあるようだが架空の世界の住人だ。その世界の延長にこの写真もあるのだろう。沢田節子が見守っていたのが印象に残っている。

5月、『Weekend』（プレイガイドジャーナル社）は完成した。さっそく「プレイガイドジャーナル」6月号で「コミックス・キッズの冒険」という座談会が組まれた。吉祥寺のぐゎらん堂に沢田としき、大塚まさじ、シバ（三橋乙揶）が出席し、村上知彦の司会でコミック体験に話を咲かせたのだ。7月7日には出版記念ライブをアメリカ村NESTで開き、大塚まさじと村上知彦が司会で沢田としきはブルースを歌って大いに盛りあがった。8月にはギャラリーピクチャーで沢田としき作品展「Weekend」開催と、立て続けの企画で大いに楽しんだ。

「プレイガイドジャーナル」は4月号から編集長が村上知彦から小堀純に替わったところだった。前年1月に判型を倍のB5判にして、輪転印刷という未経験の制作システムに取り組んできたが、4月には新しい印刷会社に替えて軌道に乗せようと動きはじめた時期でもあり、いいタイミングの刊行になった。

そして85年新年号からは連載「沢田としきからの手紙」がスタートすることになった。

「84年は初めての作品集『Weekend』の出版とK2をやめ、独立し、ヨーロッパ旅行してきた事が大きな出来事だった」、2月号では「僕と女房のせっちゃんが84年最後のレゲエのライブとして楽しみにしていたASWADにいって踊り疲れた」、3月号では「だびよん劇場というライブハウスが青森にあって、今日大塚まさじが唄いに来るのだ。階段を上り、木戸をくぐり、店の中に入ると、本物の大塚まさじがそこにいた」など、増やしていたファンへのメッセージが続いた。

豊田勇造カセットブック『センシミーナ』84年

**カセットブック　豊田勇造『センシミーナ』、**
**KYOZO & BUN『パラダイスカフェ』**

遡る79年には「春一番コンサート」やオレンジレコードも活動休止を余儀なくされ、多くのミュージシャンのLPアルバムもメジャーからはなかなか出なくなり、同時にLP盤自体が終わりをむかえていた。しかし次に来るだろうCD盤はまだ普及していなかった。

URCレコードと音楽舎に拠ったミュージシャンは、その後70年代にメジャーレコードのフォークソングやロックへの進出と共に移籍が始まり、また多くのミュージシャンが東京へ移住していった。福岡風太は天王寺野音で開かれる「春一番」が「同窓会になってしまった」と言っていた。しかしメジャーとの幸福な関係は80年代に入って急速に消えていった。メジャーにとっては売れ続けることが条件なのだ。

そんな状況の中で、製作負担の大きいLPレコードではなく、また書店で流通させることのできるようにカセットテープを包み込んだ本「カセットブック」ということであれば、僕らでも聞きたい音楽、心にしみる歌、親しくつきあっているミュージシャンの作品を、少部数で出すことができるのではないかと思った。

KYOZO & BUN カセットブック『パラダイスカフェ』86年

84年9月に、豊田勇造『センシミーナ』、河内屋菊水丸『河内タイフーン』のカセットブックを制作発売した。いずれもプレイガイドジャーナル社刊。

『センシミーナ』の制作を進めていくとき、ジャケット（表紙）の絵を沢田としきに依頼した。「センシミーナ」とはジャマイカから引いた言葉だが、豊田勇造は前作アルバム『血を越えて愛し合えたら』（80年／ELTROVEレコード）がジャマイカでのレコーディングだった。沢田としきの絵にはカリブ海音楽、トロピカルミュージックの世界があった。西岡恭蔵の『南米旅行』や「カリブの嵐」は彼の作品の背景に流れていたと思う。できあがった絵は、カリブ海に浮かぶ島、椰子の葉が茂る海岸で、〝センシミーナ〟を愉しむ男女が描かれていた。またカセットを押し出すために指を入れる穴を開けていたが、それは大麻の葉で縁取りされていた。

さて、84年に沢田としき『Weekend』、豊田勇造『センシミーナ』を発売したが、プレイガイドジャーナル社は財政的苦境が続き、85年には僕は代表を辞め、新経営陣の会社から離れた。9月に新しくスタートさせたビレッジプレスをこれからどう進めていくべきか、方策はなかった。出版ができればいいが、書店流通に不可欠な取次との契約はなかった。

85年9月、北区のポテトキッドで西岡恭蔵ライブがあり、出かけていった。彼とは70年前後に、ディランズチルドレン、ザ・ディランの時代、演劇センター68／70（黒テント）関西公演、「春一番コンサート」などで、大塚まさじやながいようと共に出会って以来のつきあいだった。ガリ版の『DYLAN'S CHILDREN SONGBOOK VOL.1』や『不演不唱（ぶるーす）』は今でも大事に持っている。

60年代後半からアメリカのフォークソングをモデルに、自作自演で自己表現をはじめた普通の人々が、懸命な習熟期間を経て、プロのシンガー&ソングライターの道を行くものも多数出てきた。そして多くの人々を感動させていた。作詞家で妻のKUROとともに西岡恭蔵もまた歌を作り、歌い、アルバムのリリースを重ね、また他のシンガーに歌を提供していたし、多くカバーもされていた。

ライブ終了後話していると、彼もやはり70年代にコンスタントにアルバムを出してきたが、80年代にはそれが困難になっているということだった。新しいアルバムの可能性やカセットブック『センシミーナ』のことも出た。僕はカセットブックをやってみようと思った。これはライブ会場で直販できるし、書店でも流せる利点があった。また当時彼は岡嶋善文とでKYOZO & BUNというギターとベースデュオを組んで活動をスタートさせようとしていた。

いろんなタイミングがそろっていた。後日西岡恭蔵からやろうという手紙が来た。

「1972年に『ディランにて』のレコードを出して以来、レコードを出す以上、何とかして、自分の持っているものとメジャーヒットの接点を考えたいと思ってやってきたのですが、これからも音楽を続ける以上、この考えを変えるつもりはありません。もちろん〝カセットブック〟に関しても、そのつもりでやりたいと思いますし、私なりに考えて、時代に唄を残すことは自分の持っているものでヒット曲を作ることだと思っています。（85年9月15日）」

いいスタートがきれそうだった。KYOZO & BUN（西岡恭蔵と岡嶋善文）の最初のアルバムをカセットブックに決めた。それ以降も筆まめな西岡恭蔵からていねいな手紙をずいぶんもらうことになった。

話し合いを続け、レコーディングや制作スケジュールについて、そしてパッケージなどアート面でのプロデュースを全面的に沢田としきに任せること、西岡恭蔵の妻で作詞家・KUROはイメージ・プロデュースで加わる。さらに、阿部登にもプロデュースに加わってもらってプロモーションも含めてオレンジレコードの経験を活かしてもらおうと決めた。

86年1月に下北沢で西岡恭蔵、沢田としきと会い、パッケージプランを打ち合わせた。沢田としきの意見で、片ダンボールでケースを作り、全体をカバーで巻く。カセットホールドは従来の発泡スチロールからスポンジに変えた。カバーの裏に歌詞を記載し、その結果ブックをなくして4枚組のポストカードをケースポケットに差すことにした。スミズミまであたたかい感じのパッケージになったのは、沢田としきの力だ。ポストカードの絵はもちろん彼の作品で、アルバムの背景を十分にとらえていて、しかもいい記念になったし、郵便で発送されるとPRにもなった。これは余分に刷ったので今でも使っている。

1月からリハーサルを始め、2月2日から豊島園のユーフォニック・スタジオでリハーサルとレコーディングを開始した。これは西岡恭蔵と経験豊かなスタッフに任せっきりにできて、僕は大詰めの1日だけスタジオに行った。JASRACに申請し、パッケージの原稿をあげて沢田としきのデザインにまわし、テープのダビング、印刷は大阪で進め、さらにはそれぞれを組み合わせて袋詰めまで作業はけっこうあった。

86年6月、KYOZO & BUN『パラダイスカフェ』（ビレッジプレス）は発売を開始した。それにともなってKYOZO & BUNの演奏活動も活発化し、ファンクラブと会誌「パラダイスクラブ」もスタートした。その4号に沢田としきは「バリから」を寄稿した。彼の描く絵のようだな。

——葉っぱ一枚一枚がとても生き生きしている。村の小道を歩くと、色鮮やかな花が目に飛び込んでくる。蝶が舞い、トンボが飛んでいる。ハチは花から花へと飛びかい、木々の下にはいろんな虫たちが動き回り、犬たちはのんびりと道ばたにねそべり、やしの木と田んぼがあって、牛がいて、川では女の人が水あびをしている。……（「Paradise Club」6号／87年3月）

黄昏の街に誘う
口笛とParadise Cafe
見た夢はすべて幻
笑いかける昨日のShadow

酒と薔薇の日々はいつか消えて
通り過ぎて行ったなにもかもが
今むなしい……

夕暮れてさまよう街
星屑とParadise Cafe
なつかしい恋人たちが
微笑みかけてくる

つらい夢が溢れすぎた世界
ここにたどり着いたひとは誰も
ただやさしい……

ＫＵＲＯ作詞・西岡恭蔵作曲「パラダイスカフェ」

**「RE-WIND86」「RE-WIND87」**

豊田勇造とは次もカセットブックでやろうねと話していたが、僕はコンサートやイベントの企画制作も機会があればやりたかった。しかし、プレイガイドジャーナル社の最後のころのひっくり返るような出来事が過ぎさって、まだ少し余裕のある気分を味わっていたかった。独りでバイ

BMWの「SAWADA COMIX」

クツーリングに行くのが楽しかった。進行中の出版は、亡くなった浦野成治の遺作、ロンリープラネット社のトニー・ウイーラー著『シューストリングス東南アジア』だけだった。これはプレイガイドジャーナル社の流通を使わせてもらった。

当時は沢田としきもバイクの乗っていた。一緒に走ったことはなかったが、彼のツーリングレポはいくつかの雑誌で目にしていた。

たいていは「SAWADA COMIX」作品でだったが、ある雑誌の中に彼の実車ＢＭＷ写真があった。ＢＭＷに乗っているよ、ということは前に聞いていたのだが。記事によるとタイでレストアをした輸入車だという。しかしこのツーリングでキックペダルが根元から折れてしまった様子を描いていた。この本格的なロードスタイルは深いシートでタンクの上にかがみ込む感じで走っていたことだろう。

僕は40代ライダーだったので前傾はきつく、アメリカンタイプでチンタラ走る専門だった。共通の友人・アイランドの鶴野龍一と99年西岡恭蔵追悼コンサートの日比谷野音で会った時、彼はナナハンで駈けつけていた。

今から思えば、彼らと一緒に揃って走りたかった、ツーリングしておけばよかった、と惜しまれるばかりだ。


85年、大阪ガスが扇町の自社遊休ビルに扇町ミュージアムスクエアをオープンさせた。映画やイベントのためのスペース、レストラン、物販エリアからなり、隣りには確かチケットぴあが入っていた。スペースのプロデューサーは「プレイガイドジャーナル」元スタッフの津村卓だった。これ幸いにとコンサートの企画を持ちこんだ。79年で終わっていた「春一番」の再開を祈ってのプレイベントのようなものができないかと思っていたのだ。

やろうということになり、86年5月「RE-WIND86」は実現したのだった。共同プロデューサーについてもらった中川イサトに助けられて、3日間、「春一番」常連を中心にミュージシャン13人が出演して楽しんだ。

「RE-WIND」という名は、「春一番コンサート」が79年を最後になくなってずいぶん寂しい思いをしていた。早く再開してほしい、「春一番」の風をまた吹かせてほしい、という思いで名づけた。勝手な思いの僕の造語なので、東京でも同名でコンサートが開催されることになり、大きな動きになっていて、気になっていた。ちょうど会場に、中山ラビや豊田勇造が出演していることもあって中山容がきていた。「フォークリポート」時代によく寄稿してもらっていて、詩人で、

「RE-WIND」（86年5月／87年5月　扇町ミュージアムスクエア）上から高田渡、ホンヨンウン（共演は光玄）、加川良（共演は村上律）

レイモンド・マンゴー『就職しないで生きるのは』（晶文社／81年）を翻訳していたし、これ幸いにと尋ねたら、「-」でつないだら問題ないよ、とOKをもらって、「よっしゃ！」と思ったこともあった。

翌87年にも開催することになった。「RE-WIND87」。この時のステージのドロップ（吊り幕）は沢田としきが制作してくれた。写真でお見せするが、その前に立って歌うのは高田渡、加川良、ホンヨンウン……。西岡恭蔵も含めて、もう今ではその歌声をライブで聴くことはできない。

「街角のバラード　田川律と仲間たち」
フライヤー　86年9月

## 田川律プロデュース「街角のバラード」コンサート

それから、田川律がサンケイ新聞に50回にわたって連載した「街はワンダーランド」が終了し、その記念に連載に登場したミュージシャンを一堂に集めたコンサート版「街角のバラード田川律と仲間たち」の企画が持ちあがった。主催はサンケイ新聞だが、田川律からその制作をやらないかと声がかかり、それではと阿部登に出演者プロデュースを、福岡風太に舞台監督を担ってもらって、田川律総合プロデューサーをもり立てようと思った。

田川律が生まれた東区森ノ宮の近所、大阪城野外音楽堂で、86年9月28日開催された。コンサートは彼を司会進行役に、16人のミュージシャンが出演した。これもいわば「春一番」切望というか、スタッフも出演者も同じような思いを抱いて取り組んだのだった。

ところが大阪城野音がロックバンドの大音量を拒んだため、昼間の野音ではアコースティックバージョンをやって、そして夜はバナナホールに移動して徹底的にやろうということになった。サンケイ新聞はそこまでは付きあえないということで、夜は「田川律の仲間たち」主催、連絡先はビレッジプレスにした。

大阪城野音では大勢の観客が集まり、秋空のもと気持ちのいいコンサートになったし、田川律と仲のいいメンバーとの対話、やりとりもおもしろかった。

そして昼間に欲求不満を抱えていたであろうボイス&リズムや大阪パラダイスらがバンド編成でバナナホールに集合してきた。ノリノリの観客も引き連れてきて、夜遅くまで盛りあがった。昼夜会場まで換えてやるかという徹底した一日だった。

コンサートの宣伝美術は沢田としきだ。フライヤーのカラーの絵は、元気いっぱい伸び上がるような田川律を描いて秀逸だった。

この『パラダイスカフェ』と「RE-WIND」「街角のバラード」は、僕が友人たちの協力を得て、この時点でできることだったし、ビレッジプレスの一つのカラーになったかと思う。

86年8月にはプレイガイドジャーナル社が15周年イベントを尼崎のつかしんで展開することになり、辞めていたが僕は制作に協力し、頑張っている編集部の連中と最後の大型イベントで楽しむことになった。題して「WAYAYA86」。名づけた小堀純の当時の気持ちが滲んでいるようだ。彼は他にも中島らもと飲み歩くシリーズを連載していて、そのタイトルが「千ベロ」だった。千円でベロベロになる呑み屋の紹介で、どちらもなかなか的を射ていた。

また、枚方市が市制60年記念でアジア音楽祭を87年8月に開催することになり、豊田勇造が出演することもあってその制作コンペに参加して、ビレッジプレスがやることになった。あわせてタイのカラワン、韓国のサムルノリ、フィリピンのジェス・サンチャゴなど海外勢の招聘業務もはじめての経験ながらやってみようということになった。

うまいぐあいに同時期にトムズキャビンの麻田浩がジョン・セバスチャンを招聘するので大阪

公演をやらないかと声をかけてくれた。これは87年9月25日、近鉄小劇場でやることになったのだが、その打ち合わせで代官山の事務所を訪ねたとき、招聘業務のABCを教えてもらうことができた。彼は早い時代からエリック・アンダースンやトム・ウェイツを招聘していたベテランプロモーターだ。

これらがビレッジプレス初期の音楽関連事業のあらましだろう。

実際これ以降、豊田勇造との連携が花開くのだった。カセットブック『チャオプラ河に抱かれて』とCD『満月』『血を越えて愛し合えたら』『マンゴーシャワーラブレター』など初期制作にはじまり、タイからカラワン、キタンチャリーを毎年のように招聘し、長期にわたる安定した共同プロデュースが可能になった。また彼とはアメリカ夏の陣で西海岸やパキスタン自由遊覧でペシャワールを共に楽しんだし、19年の現在まで数多くの事業が続いてきた。もちろん多くの彼のファンにも支えられた。みんな同じように年を重ねてきたのだ。

## 「KOBE＊HEART」、「屋上のバンド」メンバーで出演

先に急ぎすぎた。沢田としきにかえろう。

神戸のKAMI倶楽部はビレッジプレスと同じ85年ごろに活動を始めたと思う。メンバーは北畠健三、そうだようこを核に浅田トモシゲ、渡辺美由紀、それに涌嶋WAKKUN克己や、元プレイガイドジャーナル社のスタッフでいえば紀乃公子らもいた。その85年12月に初めて訪ねた事務所は神戸大丸近くのレトロな大興ビル、天井が高くゆったりした大きな部屋で、ずいぶんく

「雲遊天下」創刊号／94年7月

つろげた。そして神戸によく行くようになり、帰りには三宮のロクツボヤに寄ったりもした。玉川輝彦の店だ。

　カメラマンの北畠健三からは、94年になって「雲遊天下」創刊号の表紙に写真を使わせてもらうことになる。その写真は、「街角のバラード」のときの田川律が大阪城野音のリハーサルを客席から見ているシーンだが、着ているのはフライヤーになった沢田としきの絵がプリントされたTシャツだ。時を超えて思いは幾層にも重なってよみがえってくる。

　KAMI倶楽部のメンバーは、出版企画、写真撮影や編集取材、イラスト、デザインなどが本業だったが、86年から時々コンサートの企画主催もやった。その会場もレトロビルのひと部屋を使ったもので、僕はそこで友部正人や大塚まさじを聴いた。

　87年には会場を三宮のTAOに移して続き、その後「KOBE＊HEART」と名づけられ、大塚まさじも企画に加わるようになった。87年11月のTAOでは大塚まさじ、加川良、村上律が出演し、あわせて壁面で「沢田としき展」が以降1週間にわたって開催された。

　KAMI倶楽部のコンサートは軌道に乗り、88年にはメリケンパークにフィッシュダンスホールが完成したことが重なり、この会場で「KOBE＊HEART」を開催することになった。フィッシュダンスホールは魚が跳ねあがっているような外観が特徴の建物で、中はずいぶん広かった。

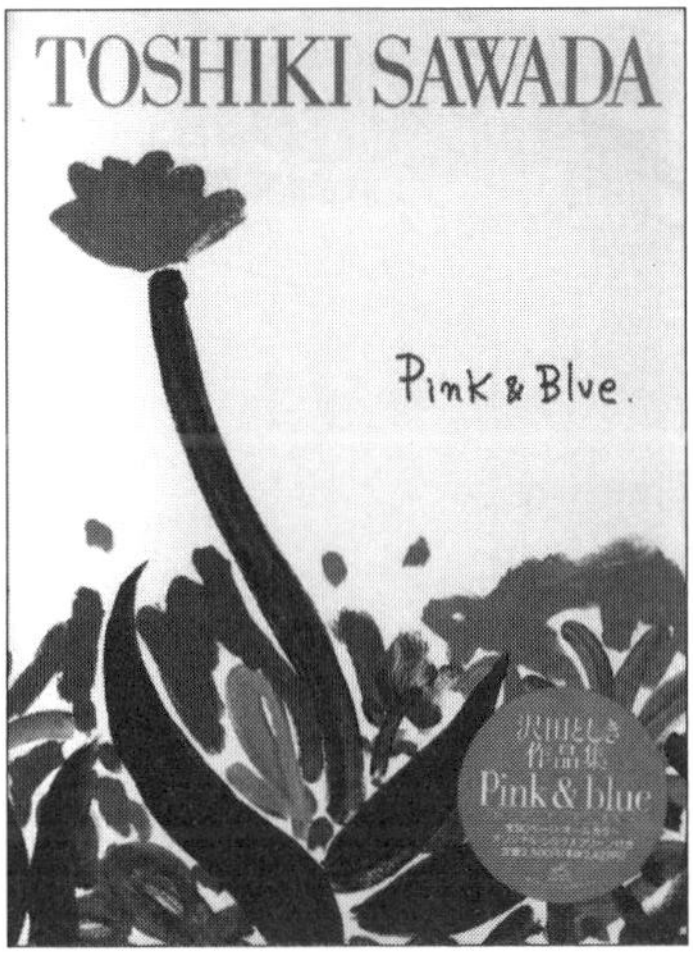

「KOBE＊HEART」フライヤー／89年10月
沢田としき『Pink & Blue』90年

西岡恭蔵がKYOZO & BUNでカセットブックを発売し演奏活動を開始したが、同じころ大塚まさじは「屋上のバンド」の名で活動を始め、自身のレーベル「ムーンライトレコード」で『屋上のバンド』を発売したのだ。それには沢田としきがサックス奏者として参加していた。そして「KOBE＊HEART」にも出演した。

僕は88年10月、89年10月と参加し、毎回満員のなかで、彼が描いた絵そのままのテナーサックスを抱えて演奏する沢田としきを見ている。もちろん回を重ねる「KOBE＊HEART」のパンフレットも彼の絵やロゴ、デザインだ。

この屋上のバンドの絵も収録された沢田としきイラスト集『Pink & Blue』が90年にビクターから出版された。音楽に関連するイラスト、ジャケットやフライヤー、パンフレットなどの集大成だ。

「Pink & Blue」の由来は彼の双子の娘藍子と桃子の名からだろう。妻の沢田節子と、2歳と3歳のときの二人の子どもの絵も載っている。「プレイガイドジャーナル」連載

（上）ザ・ボイス＆リズム
（下）屋上のバンド

の「沢田としきからの手紙」に二人が生まれる時の様子を書いた文章が載っているが感動的だ。

——僕は2人の女の子を一度に生んだ。僕は26才にして、2児の父になってしまった……。（中略）とにかく、妻と子供が無事であれば、とそれだけを願った。朝6時、藍子生まれる。小さくて、心配だったけど、医者は顔色一つ変えず、だいじょうぶです。という。信じる他はない。オロオロしてて、性別どころではなかった。2時間後、桃子生まれる。マッカッカの赤ン坊。妻はぐったりと疲れていた。終わった……。青白い妻の顔を朝の光がやわらかく見せていた。彼女はニッコリしながら、眠りの世界へ入ってしまった。……。（「プレイガイドジャーナル」85年12月号）

『Pink & Blue』はA４判の大きな本で、カラーイラストが原寸で掲載されている。手書き文字で沢田としきの詩のような短文も発表されている。２編ほど紹介しよう。

――ミュージシャンは最高だ
どんな絵描きも
ミュージシャンにはかなわない
本物のハートを持った
ミュージシャンには
ぜったいにかなわない……（『Pink & Blue』90年）

――音を聞いて絵を描く、その音のリズムに乗って
メロディーに色をつけていくと
出来上がった絵からこんどは別の音がなりだす
耳をすましても聞こえないけれど
それは見ることのできるぼくの音だ……（『Pink & Blue』90年）

前後してメジャー出版社から沢田としきのコミックが2冊出た。『街角パラダイス』（CBSソニー出版／86年）、『バビロン』（河出書房新社／92年）。僕が以前に体験したいしいひさいち、中島らもと同じように、まず僕が最初に出版し、追ってメジャーが出版し、それでケタ違いに販売部数が伸びるというありがたいことと、加えてこれからの彼の飛躍を思った。しかし、沢田としきはその後絵本のほうへ向かったようだ、そしてその分野で大成したのだった。

（右）大塚まさじ連載挿絵（「雲遊天下　第４号」95年５月）
（左）大塚まさじ連載挿絵（「雲遊天下　第20号」99年５月）

## 「雲遊天下」大塚まさじ連載に挿画

一方、ビレッジプレスが出すカセットブックは88年の豊田勇造『チャオプラ河に抱かれて』が最後になり、90年ごろからＬＰレコードの後継ＣＤがスタートし、安いプレイヤーも出て急速に普及していくのを眺めていた。

そのころ沢田としきが手がけたジャケットに、大塚まさじＣＤ『アイノウタ』（ＶＩＶＩＤ／91年）、西岡恭蔵ＣＤ『スタート』（ミディ／93年）があった。

僕らもできるだろうかと豊田勇造と検討を続け、販売流通はなかったが直販だけでやってみようと、90年にＣＤ『満月』とＣＤ『血を越えて愛し合えたら』の原盤がある作品を出し、93年には本格的なスタジオレコーディングでＣＤ『マンゴーシャワーラブレター』に取り組んだのだった。

94年3月20日、かつての神戸の興行街・歓楽街だった新開地にアーティストビレッジをつくろうと呼びかけたイベントが開かれ、僕は湊川公園の会場に向かった。KAMI倶楽部が企画したのだろう。会場には北畠健三、そうだようこ、涌嶋WAKKUN克己、浅田トモシゲ、大塚まさじ、西岡恭蔵、沢田としき、鈴木コージ、諸戸美和子、飯田三代、田川律、大里恵理ら知った顔ぶれが集まり、屋台も出て盛りあがった。

この時僕は新しく創刊する「雲遊天下」の準備真っ最中だった。ビレッジプレスを85年に立ち

上げてから10年近く、いろいろ試行錯誤をしながら、なんとか自前の雑誌を出したいと考えていた。86年にはマンガ雑誌「電光画報」を1号出したが拙速で、準備不足をさらけだして、あえなくギブアップしたこともあった。

全国書店で販売する流通問題は87年12月に中島らも『啓蒙かまぼこ新聞』を出したときに取次と契約できて解決していた。それから単行本を何点か発行したが、「プレイガイドジャーナル」15年間のあと、僕はやっぱり雑誌なのだ。

94年7月「雲遊天下」を無事に創刊し、多くの人に好評で迎えられて安堵し、また売れゆきも好調だった。2号からは大塚まさじの連載もＯＫになり、沢田としきに挿画を依頼したのだった。

## 阪神・淡路大震災と「ＫＯＢＥ＊ＨＥＡＲＴ１９９５」

しかしこの神戸に突然の大災難が襲ってきた。新開地のイベントから10か月後の95年1月17日、阪神・淡路大震災が発生したのだ。

その日から、神戸の多くの友人たちの様々な活動は大きく変わってしまい、また中断を余儀なくされた。街は大きく崩れ、活動のスペースをなくしてしまった。

「KOBE＊HEART」の次の開催は意味あいを変えて、人々を力づけるような、再会を喜びあうような、こころに沁みるコンサートになった。「KOBE＊HEART 1995」は困難を排して5月に開かれたが、僕は参加できなかった。ここは大塚まさじの記録を引用させてもらう。

――相談して早速下北沢のラ・カーニャで「KOBE＊HEART 1995」の名でチャリティーコンサートをした。その収益金を北畠さんたちに送りたいと伝えると、「お金よりみんなの歌が聴きたい」と言われ、あの混乱の中、何とか残っていた新開地の新劇ゴールドというストリップ劇場を好意で貸してもらい、「KOBE＊HEART 1995」を6日間の長期にわたり開催していただいたのだ。それに賛同し出演してくれたミュージシャンは東京からだけではなく、地元からもたくさん参加してくれた。河内家菊水丸、石田雄一、後藤ゆうぞう、テント、DIZHEM、メトロファルス、天野SHOユニット、青空ブギ、春待ちファミリーバンド、やしのきボーイズ、露の団六、西岡恭蔵、おおたか静流、MORGAN'S BAR、加川良、中川イサト、友部正人、中川五郎、大庭珍太、中村よお、綾田俊樹、沢田としき、という面々で、もちろん入場料は無料のフリーコンサートであった。誰もがたいへんだった時期によくもあれだけのことが出来たものだと、手伝ってくれた皆さんと、参加してくれたお客さんには、今も頭が下がる思いでいっぱいである。……（KOBE＊HEARTホームページ「KOBE＊HEART～大塚まさじ」10年1月）

――舞台全体を黒で統一し、上手に沢田のキャンバス、下手に神戸の絵描きワックンのための和紙を配し、センターで歌うという舞台を作った。（中略）ぼくの「ＫＯＢＥ＊ＨＥＡＲＴ」から始まり、沢田のライブペインティングも始まった。（中略）神戸の山々と海が描き出された。客席は食い入るように絵に向かっている。中川イサトさんに変わり、歌からギターのインストに変わった。そして、沢田の絵も昼から夜の神戸へと一変し一旦引っ込んだ。（中略）そして、最後の西岡恭蔵氏は、「ＫＯＢＥ＊ＨＥＡＲＴ II」という震災後を唄にした大作で感動的にしめてくれた。……（大塚まさじ『月の散歩』97年）

「ＫＯＢＥ＊ＨＥＡＲＴ」は5年後の２０００年1月に、同じく新開地の新劇ゴールドで復興が進む街を見ながら開催されることになる。

## 「春一番」復活

この年95年には僕らにとってもう一つ特筆すべきことがあった。79年を最後に終わった「春一番コンサート」が5月3日、4日、16年ぶりに開催されたのだ。その前日には力を矯めた6日間のバナナホールバージョンもあった。すでに天王寺野音はなくなり、会場は大阪城野音だった。あいにく小雨がぱらつくような天気だったが待ちに待ったイベントだ。出演者も観客も裏方スタッフも様々な思いを胸に、会場に集まったことだろう。

この日完成が間に合った「雲遊天下」4号は「春一番コンサート」をプロデュースする福岡風太のインタビューと関連記事、震災原稿数本とで特集とした。昔のように会場に売店を出させてもらって販売しながら、ずいぶん多くの人と再会することになった。用意した部数が売り切れてしまい、近くの書店に買いに走ったなどという笑えないエピソードもあった。

困難をおして震災神戸からの参加者もおおぜいいたと思う。会場で、やはり被災した家からやってきて出演した光玄に会い、そのとき妻の郭早苗を紹介された。少し話して、すぐに「雲遊天下」5号から震災ドキュメント「宙を舞う」を書いてもらうことを決めた。毎号読みごたえのある連載が続き、のちに僕はそれをまとめて郭早苗『宙を舞う』(ビレッジプレス/98年)を出版する。

以前の「春一番」では事前に発行された恒例の新聞「昇天画報」が、今回も制作されて会場で配られたが、僕も依頼されて二人の79年「春一番」スタッフのインタビュー記事を投稿した。橋本佳代子と田島典子だ。二人は生涯の相棒ともいえるが、元プレイガイドジャーナルスタッフでもあり、当時はクリップで活動していた。大学生になるのを待ってようやく間に合った春一番のスタッフになり、楽しくも有益な経験を得るのだが、その経緯とその後の歩みを聞き出して記事をまとめた。

当日橋本佳代子は販売席の僕の横に並んで座り、問わず語りに話しはじめた。

「今年の「春一番」再開はとてもうれしいことです。もっとも望んでいたことで、私にとっては来年では間に合わないのです」と。その時すでに癌におかされているのだと言った。インタビューはそれには触れなかったが、僕も人づてには聞いていたのだ。

そして、翌年の「春一番」を見ないまま、橋本佳代子は96年4月12日に35歳で亡くなった。その日病院でクリップメンバー野口菜穂や田島典子らとともに僕も見送った。

沢田としき『アフリカの音』96年

翌96年からの「春一番」は服部緑地野音に会場を移して19年の現在まで続いている。「雲遊天下」は44号で一度中断したが、のちに再開して現在に至っている。

**『アフリカの音』刊、「『アフリカの音』原画展」でジンベ演奏**

96年4月に新開地に、震災を経てみんなの念願だった神戸アートビレッジセンターがオープンした。1階のレストラン・ヒットパレットはロクツボヤの玉川輝彦が受け持っていた。まさにこれからの活動の新しい拠点ができたといえる。

まもなくの8月、このセンター1階のギャラリー&イベントスペースで「沢田としき『アフリカの音』原画展」が開催された。

『アフリカの音』（講談社）は96年3月に発行されて沢田とし き本人が自筆の言葉をそえて贈ってくれた。

「アフリカのタイコと出会ってから感じていた思いを、いつか絵で伝えたい…、と考えていました。それがようやく〝絵本〟という形で実現しました。西アフリカのタイコとダンスのお話です。はじめての創作絵本、ぜひご覧下さい」

西アフリカの太鼓ジンベ（ジャンベ）に魅せられて自らも演奏する沢田としきが、B４判の大きな絵本の紙面に、大地に生きる人々と、「グンゴトパ、グンゴトパ」と風が運んでいくリズムを描き込んだ。ページを繰っていくと、彼らのダンスやアフリカの地平線に吸い込まれそうだ。この文と絵をともに創作した絵本は96年の日本絵本賞を受賞した。

アフリカの音　TOSHIKI SAWADA

沢田としき作品（ポストカードより）

『アフリカの音』原画展
（98年8月　神戸アートビレッジセンター）

会場で僕は沢田としきのアフリカの音との取り組みを目のあたりにし、また初めて耳にしたのだった。壁面いっぱいに原画を飾り、特設ステージでは砂川正和とともにアフリカの太鼓ジンベを力強く叩く沢田としきの姿があった。ゲスト出演の西岡恭蔵もそれをバックに歌った。ともにトロピカルミュージックからアフリカまで自由な広がりを強く印象づけるライブだった。客席には光玄、郭早苗、北畠健三、そうだようこらがいた。

西岡恭蔵とも久しぶりに話した。KYOZO & BUNの活動を91年に終えざるを得なくなったことは残念だったが、その後の活発なソロ活動も知っていたし、『パラダイスカフェ』の販売もお互いで努力していたのだ。今後とも協力しあうことを確認できた。

**大塚まさじ『月の散歩』刊、SAWADA COMIX寄稿**

沢田としきと僕の仕事で言えば、西岡恭蔵の『パ

（右）SAWADA COMICS
（左）大塚まさじ『月の散歩』97年

ラダイスカフェ』に続いて、大塚まさじ「雲遊天下」2号からの連載「旅のスケッチ」の挿絵を描いていることはすでに触れた。ついで96年夏には大塚まさじと単行本の企画をしたが、それは沢田としきを抜きには考えられなかった。

大塚まさじのファンクラブ通信「ムーンライト・ニュース」は86年に創刊してから10年続き、毎号の彼の連載はかなりの分量になっていた。またこのニュースには沢田としきも「SAWADA COMICS」を描いていた。それらを集めて1冊にまとめる考えだ。書名は『月の散歩』に決まっていた。

97年4月3日、沢田としきの六本木の事務所を訪ねた。青山ブックセンターの向かいを入ったマンションの一室で、扇谷正郎と二人でやっていた。そこで最終的なブックデザインの打ち合わせをして、そのまま帰阪したその翌日4日にKUROが亡くなったと知らされたのだった。最愛の妻を亡くし西岡恭蔵が力を落としているだろうことを思った。46歳なのだ。またアート音楽出版時代には同じフロアのURCレコード・音楽舎側で働いていて短期間だが一緒だったKUROに思いを馳せた。

大塚まさじ『月の散歩』（ビレッジプレス）は97年5月2日に完成した。その年の「祝春一番97」にぎりぎり間にあった。95年に再開した「春一番」は96年に会場を服部緑地野音に移し、名前も「祝春一番」と変えていた。会場で『月の散歩』はよく売れたし、沢田としきも一緒になって完成を祝った。その後何度か増刷することになる。

## 西岡恭蔵CD『Farewell Song』とCD『KUROちゃんをうたう』＆発売記念コンサート

西岡恭蔵はKUROの死を悼んで大きなプロジェクトを計画し、精力を傾けて取り組んでいた。その一つは西岡恭蔵CD『Farewell Song』（ミディ）で、97年12月完成した。続いて98年3月にゆかりのミュージシャンたちが一堂に会した「KUROちゃんをうたう」の開催（世田谷パブリックシアター）だった。そしてトリビュート・アルバムCD『KUROちゃんをうたう』（ミディ）が続いた。それらすべてのアートワークは沢田としきが受け持った。

その間にも西岡恭蔵ライブは続いていて、98年5月に北区のヒポポタマスのライブで会ったときに、彼から「カセットブック『パラダイスカフェ』をCD化したらどうか」と提案された。僕はもちろん異論はなく、CD時代にカセットブックはもう役割を終えていた。

CD『KUROちゃんをうたう』は9月完成し、その発売記念コンサートが9月22日、アメリカ村コークステップホール（現ビッグステップ）で開催された。僕はそのレポート記事を書いて

西岡恭蔵 CD『Farewell Song』
フライヤー／97年12月

CD『KUROちゃんをうたう』フライヤー／98年9月

いたので一部を再録する。

――ステージで西岡恭蔵は「11月になれば一区切りにします」と言って最後の曲「Farewell Song」を歌い始めた。そう思う、少し休まなくてはと。奥さんのKUROちゃんが昨年4月に亡くなって以来、彼女への別れを歌ったアルバムと、親しかった仲間たちが歌い演奏した世田谷パブリックシアターでの追悼コンサート、彼女が歌詞を書いた歌30曲のトリビュートアルバムのプロデュースに打ち込んできたのだった。ぼくは今、できたばかりのこのアルバムの完成記念コンサートの会場にいる。……（「出版ニュース」98年12月号）

また98年11月に吹田市PINOのライブで西岡恭蔵と会ったときには、「KUROの詞集を命日の99年4月4日か5月の「春一番」までに出したい。ついては沢田と相談してほしい」と切り出された。強い気持ちがうかがわれたし、「出しましょう」と応えたのだった。

僕は沢田としきとそれぞれたたき台を出そうと話しあいをはじめた。99年になって、2月に西

CD『KUROちゃんをうたう』発売記念コンサート／98年9月

岡恭蔵から掲載のためのKUROの詞が送られてきた。またそのあとすぐにあったPINOの彼のライブでも会い、3月に具体的な相談をしようということだった。しかしその後の電話で、「少し調子が悪いので刊行を遅らせよう」と連絡があった。

### 西岡恭蔵死去

ところが99年4月3日、西岡恭蔵、50歳で死去のニュースが飛び込んできた。KURO命日の前日だった。何とも言葉がなかった。

4月9日、北区バナナホールで、もともとはNHK衛星放送が「伝説の70年代フォーク」という番組で大塚まさじと西岡恭蔵のライブを収録する予定だったのだが、大塚まさじは福岡風太、阿部登と相談して急遽西岡恭蔵追悼ライブにしたのだった。出演者も増えて、加川良、シバ、中川イサト、永井洋、ダンシング義隆、岡島善文、チャールズ清水、アンサン、大庭珍太、秋本節、光玄……。

その会場で会った沢田としきから「詞選集は絶対出すよ！」と力強い言葉をかけられて励まされ、気を持ち直したのだった。ステージには彼が描いた西岡恭蔵の肖像画が飾られていた。

続いて開催された、5月の「祝春一番99」では、会場のあちこちに沢田としきが描いた西岡恭蔵の絵が飾られていた。心のこもった追悼コンサートになったと思った。

（上）西岡恭蔵追悼ライブ・リハーサル（99年4月／バナナホール）
手前は中川イサト
（下）祝春一番 99 会場（服部緑地野音）

西岡恭蔵追悼「雲遊天下」第22号／座談会＝左から岩下省三、沢田としき、田川律、大塚まさじ、福岡風太（99年6月／ラ・カーニャ／壁面は沢田としきの絵で飾られている）

ところで、西岡恭蔵急死を知ってから僕のやれることは何だろうと思って、創刊以来号を重ねていた「雲遊天下」の直近の21号（99年8月）で西岡恭蔵追悼特集を組むべく企画した。また5月の「春一番」会場から発売する20号には「西岡恭蔵死去」の謹告の紙片を挿入した。99年6月4日、下北沢ラカーニャで西岡恭蔵追悼の座談会を組んだ。出席者は大塚まさじ、沢田としき、田川律、福岡風太、岩下省三。以下に沢田としきの発言を引用する。

――『Farewell Song』のときはKUROちゃんが亡くなったときだったんで、ゾウさんを応援するというか、ゾウさんの気持ちも感じたりしながら、絵をすごく特別な状態で描いたような気がしますね。（中略）祈るような気持ちで描いた。KUROちゃんが亡くなってから、ゾウさんを中心にみんなでまた一つになれるような時期だったと思うんですよね。（中略）『Farewell Song』の「さよなら」という言葉はいろんな状況で違ってくるから、こういう意味だというこ

西岡恭蔵＆ KURO 追悼コンサート
（99年7月／日比谷野外音楽堂）フライヤー

とはないと思う。ストレートにＫＵＲＯちゃんのことを歌ったのかも知れないし、それをいま聞いてみると、自分がさよならしているようにも聞こえてしまう。僕の描いた絵の原画を、ゾウさんが亡くなったあとに見ていると、違った絵に見えるんですね。『Farewell Song』でゾウさんを描いて、『ＫＵＲＯちゃんをうたう』でＫＵＲＯちゃんを描いて、他のシチュエーションの絵も描けたのかもしれないけど、二人のそのまんまを描いたんです。」……

（「雲遊天下」21号／99年8月）

終了後、沢田としきと詞選集の詳細を話しあった。書名を『西岡恭蔵＆ＫＵＲＯ詞選集』に決め、１００曲の収録、全体の構成、印刷仕様、定価、印刷部数、制作スケジュールなどを確認した。

また、西岡恭蔵の希望したカセットブック『パラダイスカフェ』のＣＤ化では、彼のアルバムのラインナップが揃った株式会社ミディから出すのがベストだと思い、制作協力を得た阿部登やミディの大蔵博と話して、原盤権一切を委譲することにした。99年6月、ＣＤ『パラダイスカフェ』（ミディ）が完成した。ジャケットは沢田としきによる新たな労作だった。

詞選集の刊行は、沢田としきとビレッジプレスの共同制作だが、「刊行する会」発行がふさわ

（右）『西岡恭蔵＆KURO詞選集』99年
（左）同選集より挿画

しいだろうと思った。当然ながら西岡家・遺族がおられる。また、印税に相当する楽曲使用料はＪＡＳＲＡＣに一括支払になる。それは遺族・遺児の方へ還元されることになるのだが。中には外国曲の歌詞をＫＵＲＯが翻訳（翻案）した作品もいくつかあって、その許諾で混乱し、その処理では個々のエージェント相手になかなか苦労させられた。許可が出なくて別の歌詞に差し替えたのもあった。もちろん全体の制作リスクは僕の方でもつつもりだった。また、それぞれの歌詞にはイラストや写真を組み合わせようと呼びかけて、36人が参加、寄稿してくれた。

　99年7月『西岡恭蔵＆ＫＵＲＯ詞選集』（刊行する会刊）完成。18日の西岡恭蔵追悼コンサート（日比谷野音）にまにあった。できあがったばかりの詞選集を担いで会場入りし、テントの下の売店が用意されていて、多くの参加者に手渡せた。横では沢田としきが大きな特設キャンバスに向かってライブペインティングに取り組んでいた。西岡恭蔵の面影を見ながら、彼の歌を聞きながら、彼の生まれた故郷・伊勢の海を思い浮かべて、一心に描いたのだろう。

沢田としきライブペインティング
（99年7月／日比谷野外音楽堂）

会場では、横須賀に移り住んでいた銅版画家の飯田三代やアイランドの鶴野龍一ら、懐かしい友人との再会もあった。ステージでは西岡恭蔵とつき合いのあったミュージシャン何人もが登場し、歌い演奏し、思い出を語った。長時間続き、すばらしい夕陽が輝き、やがて夕闇が会場を覆って照明が入る。西岡恭蔵を思い、延々終わる様子もないまま夏の夜が続いた。

西岡恭蔵のその後のアルバム、沢田としきがアートワークを担当したCDを紹介しておこう。他のミュージシャンの作品も多いのだが。西岡恭蔵が生前にみずから選曲していたベスト・アルバム『Glory Hallelujah』（ミディ／02年）、そして大塚まさじのニューアルバム『一輪の花』（ミディ／00年）。また自身が演奏もした屋上のバンドの88年版の音源も入ったミディ版『ラブコラージュと屋上のバンド』（ミディ／03年）がある。

西岡恭蔵&KURO追悼コンサート（99年7月／日比谷野外音楽堂）

冒頭で触れた沢田としきのキューバ行きは2000年2月で、「雲遊天下」25号の特集「島から」への沢田としきのキューバ紀行の掲載は10月のことだった。特集には他に、ジャマイカ（スミス長瀬玲子）、インドネシア・スンバ島（宮崎宏）、フィリピン・サマール島（豊田陽）、八丈島（アマナクニ）らの文章が並んだ。

### 「ぐるり」創刊から表紙担当

ここで少し「ぐるり」創刊の経緯についてふれておく。

ビレッジプレスは85年に設立、スタートしたが、事務所は一貫して林信夫の21世紀ディレクターズユニオン社と共同で借りていた。西天満で2カ所を移転したのち、93年に緑地公園の天牛書店ビルに移った。

それから10年、林信夫、杉本隆、溝端要、高橋秀夫と村元と4社でシェアして楽しいスペースを維持してきた。しかしビレッジプレスの単行本在庫が減らず迷惑をかけているのはよくわかっていた。ところで、五十嵐洋之が03年4月からビレッジプレスの専従になった。ついに二人体制になったのだ。彼は五十嵐志野と長男遼との3人家族の生活が東京だったので、東京西荻窪に事務所をもつことにした。書店流通における東京での有利さをみながら販売・営業の拠点にしたのだ。同時に在庫も東京に移したので、そこはまるで倉庫の中に机を置いたようだった。

大阪の天牛書店ビルの事務所は同じメンバーでシェアしたまま小さな部屋に移った。在庫スペースの必要がなくなり、やっと肩の荷を降ろせた。

僕は時間を見つけては東京に出かけ、業務も可能な限り東京の新勢力に移そうと考えていた。いままで手抜きでやっていた販売・営業も五十嵐洋之が担ってたて直そうとした。

ビレッジプレスの今後を考える上で、人を育てるのは小さくても定期刊行する雑誌が一番だという経験に頼りながら、東京の五十嵐洋之を編集発行人にした新雑誌「ぐるり」を04年4月に創刊した。昔取った杵柄よろしく東京中央線沿線のイベントガイド誌で、隔月刊。東京でビレッジプレスの販売活動や知名度につながればいいと思った。毎号協力を約束してくれた田川律をホストに巻頭対談を組み、その人選もあわせて力を貸してもらった。他のページはイベントスケジュールと「風噂聞書」という体裁で「プレイガイドジャーナル」と同じだ。

新雑誌の表紙は沢田としきに頼みたかった。3月8日、五十嵐洋之と一緒に祖師谷に引っ越したばかりの彼の新事務所を訪ね、ビレッジプレスの現状を話したり、彼の新しい事務所での活動を聞いたりした。「ぐるり」の表紙については快諾を得た。

「ぐるり」05年6月

彼は絵本作家としてずいぶん活躍していて、その時はちょうど『ピリカ、おかあさんへの旅』（福音館書店）で川を上る無数の鮭を描いているところだった。ずいぶん忙しそうだったが無理を聞いてくれた。毎号の表紙イラストはやはり中央線沿線の街の風景を描くということになり、街歩きとあわせて気分転換になってくれればと願った。

このあたりまでが僕の関わったところで、その後は五十嵐洋之が軌道に乗せた。

田川律の対談シリーズでは、沢田としきは「ぐるり」05／6号で登場した。その発言の一部を紹介する。

――僕がブラジルから帰ってきたとき初めてパーカッションというか太鼓の音とかに興味をもって、そういうアフリカ的なものに頭がガーッと入っていったときに砂川正和さんと出会って。太鼓を通していろんなことを勉強したんですね。

砂川さんは前からアフリカの太鼓を教えていた。

自分はそれまでは一日一枚描ききって次の日に持ち越さないという絵の描き方をしていたわけ。でもこつこつ描くのもいいかもしれない。例えば太鼓の皮を張り替えたりするのに何日もかかるし、太鼓の音を出すときにも何日も練習を積み重ねていって初めてできるというのを太鼓を通じて勉強した。

絵も、こつこつ積み重ねて、二、三日かけて一枚描いたりとか、自分のエモーションだけでなくて、もう少しイメージがちゃんと定着するまで落ちついて絵と向かい合おうという感じになっていった。太鼓が自分の絵を変えていってくれたみたいなね。

――それはいつごろ？

『アフリカの音』を出す前くらいからですね。93年から96年ごろかな。……（「ぐるり」05／

沢田としきと田川律
（「ぐるり」2005年6月／撮影：五十嵐志野）

WALK TALK「アフリカの智慧」フライヤー／02年4月

## 6）WALK TALK「アフリカの智慧」プロジェクトでジンベ演奏

ソーバッドレビュー、THE VOICE&RHYTHMを経て砂川正和は渡米して本格的なジンベ奏者になった。沢田としきは93年ごろ彼を通じてアフリカの太鼓・ジンベを知り、自ら演奏をはじめるが、それがイラストやCOMICに加えて新しく絵本に向かわせるパワーになったことがわかる。特に文と絵の両方に挑んだ『アフリカの音』（講談社）は一つの到達点だろう。『アフリカの音』出版記念原画展は神戸新開地のアートビレッジセンターで開催され、砂川正和とともに自ら演奏したことはすでに述べた。

砂川正和と柳田知子の主宰するWALK TALKは、アフリカ・セネガルと交流を深め、日本で太鼓とダンスを教え、普及活動を続けていた。また現地で学ぶツアーも企画していた。砂川正和のCDアルバムもリリースし、そのアートワークは沢田としきが担った。砂川正和CD『FUNKY PEACE』（OK／96年）、砂川正和（Voice of SUN）CD『元気』（OK／98年）がある。

02年5月に、WALK TALKはセネガルからジンベ奏者アブドゥライ・ジャハテ（ジャキテ）とダンスのタコ・シソコを招聘し、「アフリカの智慧」プロジェクトとして東京で6週間のワークショップをやったのだ。

その様子は、僕は糸川燿史監督の映画『東京ダンシング！アフリカ』（04年）で知ったのだが、アブドゥライの指導で砂川正和を筆頭にして、力強くジンベを叩く沢田としきの勇姿が眼に焼きついている。一方タコのダンス指導のもと、柳田知子をリーダーに、彼女の娘や飯田三代や多くのワークショップ参加者が激しい踊りを披露していた。ワークショップが終了して6月6日に行われた成果を発表するステージと客席の盛り上がりと、終演後の楽屋での交歓までを余すところなく記録したこのドキュメント映画はあまりにも感動的だった。

糸川燿史監督／映画『東京ダンシング！アフリカ』フライヤーより／04年

そのステージには沢田としき制作のドロップが何本も吊られていた。

しかし、砂川正和は2年後の04年10月11日、急逝した。48歳だった。

僕は「雲遊天下」38号（05年2月）で「同じ風に吹かれてきた」というタイトルで特集を組んで砂川正和と、03年に亡くなったホンヨンウンとの早すぎる死を悼んだ。特集では糸川燿史に砂川正和との映画撮影にいたる状況をインタビューし、ホンヨンウンについても光玄に熱い思いを語ってもらった。

このころ、「雲遊天下」に連載中だった宮本一がコミックス『かわうそのシッポ』（ビレッジプレス刊／04年）を出版したとき、彼の強い希望で沢田としきに一文を寄せてもらった。宮本一も演奏しながら木版画や漫画を描いていたのだ。

――やっぱりお互い音楽が大好きで、いつも音楽を抱きかかえながら絵を描いて旅している。それぞれ共通するところもあれば、違う音楽を聞いていたりする。でも、根っこのところは同じような気がして会ってみると、やぁ、同志！まぁ一服という感じの人なのだった。……

（跋文「自転車とシッポ」から）

### 大塚まさじ『月の道標』刊

「ぐるり」は定期刊行が続いていたが、やはり「雲遊天下」との2誌体制は負担が大きく、会社も僕も煮つまってきていた。06年2月、「雲遊天下」の方を41号をキリに休刊しようと告知した。しかし、旧来の友人高山富士子と田島典子が応援団をつくり、編集や販売・広告面で協力するの

大塚まさじ『月の道標』06年

で続けろと声をかけられ、ありがたかったし、説得されて、もうしばらくはと続刊することにした。

同時に、単行本出版に力を入れようとし、この年の祝春一番06で僕は大塚まさじと2冊目の本の出版を相談した。

原稿は『月の散歩』と同じく「ムーンライト・ニュース」からで、揃っていたので編集はスムースに進行し、もちろんアートワークは沢田としきだった。彼はこの年、アフリカ・セネガル行き、アメリカ行きなどが続き、それが一段落した06年9月、僕は下北沢・いーはとーぼで沢田としきと扇谷正郎とで打ち合わせた。

11月大塚まさじ『月の道標』（ビレッジプレス刊／06年）は完成した。

『月の道標』刊行後1年が経過した07年11月に、僕は沢田としきとめずらしいところで再会した。大阪市立中央図書館での講演会だった。絵本作家として大成し、ベストセラー作家の登場ということで、小さいファンとその親が大勢集まっていた。前年の『ピリカ、おかあさんへの旅』（文・越智典子／福音館書店／06年）が児童福祉文化賞を受賞したこともあったと思う。

沢田としきはずいぶん絵本を描いているが、受賞でいえば、『てではなそう きらきら』（文・佐藤慶子／小学館／02年）で第8回日本絵本賞読者賞も得ていた。また、文と絵の両方の創作では、『ほろづき　月になった大きいおばあちゃん』（岩崎書店／01年）、『ひとりぼっちのだいだらぼっち』（教育画劇／04年）、『ちきゅうのうえで　いのちのたびのおはなし』（教育画劇／05年）などがある。

来阪のニュースを聞いて大塚まさじと僕は会場へ出かけた。彼の講演もすっかり場慣れた感じで、聴きごたえのある、また子どもたちにも興味をつなぐ話が続いていた。区切りがついて会場からの質問になり、ある人が著作リストを見ながら「『Weekend』という本は手に入りますか？」と発言した。沢田としきは客席の片隅にいた僕を見つけて、「どうですか？」と振ってきた。プレイガイドジャーナル社時代の本で、もう残っていないと返事をしたが、なんと23年前の、沢田としきの最初の公刊本なのだ。会場の人にとってみれば大昔の本だ。ずいぶんながく僕たちはつきあってきて、どこよりも早く1冊の本を作っていたのだということを改めて思ったことだった。帰りに大塚まさじとで大阪駅まで送ったが、地下鉄の中でそんな話をかわした。

一方、「雲遊天下」はその後3号をがんばったが力尽きて、44号（07年11月）で休刊した。14年間続けたこの雑誌については僕は抱えきれないほどの思いがある。さらに翌08年2月にはいよいよ天牛書店ビルの事務所を引き払おうということをみんなで決めた。ここでの15年間はおもいっきり楽しい時間だった。また一つの時代が終わったのだ。

大阪で「ぐるり」を見た友人たちから、「大阪でもやれ！」とハッパをかけられたが、僕にもうその力はなかった。そのかわりにブログで「プジャガ京阪神」をやることにした。何やら意味深なタイトルだが。これなら一人で楽しみながらできそうだ。09年からスタートし、10年間がん

（右）西岡恭蔵追悼コンサートフライヤー
（08年2月／三重県志摩町）
（左）田川律『りつ つくる あるくうたう』08年

ばった。

**西岡恭蔵追悼コンサート（三重県志摩町）、**
**田川律『りつ つくる あるくうたう』刊**

08年2月と翌09年1月、西岡恭蔵の生まれた三重県志摩町で地元の友人たちが「メモリアルコンサート」を開催した。僕は久しぶりに近鉄特急に乗って、2回とも出かけた。

西岡恭蔵ゆかりのミュージシャン、地元の同級生らの主催グループ、舞台美術の沢田としき、制作の福岡風太ら、あたたかい雰囲気に包まれたコンサートだった。

2回目の時は、西岡恭蔵の後輩になる和具中学の合唱団が出演し、彼の曲を歌った。よく練習し、見事に合唱曲として歌ったのだ。涙が止まらなかった。こういうふうに受け継がれていくのが理想的なのだろう。セーラー服を着て、おさげやおかっぱで、真剣に歌う姿が聞く人の胸を打った。西岡恭蔵やKUROの歌をうたう人は多いし、多くのミュージシャンも喜んで参加してくれるだろう。しかし、この中学生らがくれた感動に勝るものはないと思った。

打上げ会場では市長の挨拶があったり、海の幸や特産の料理もふんだんで、各地から参加したものにとっては格別なことだった。僕らは現地の宿舎に1泊して、翌日は町の高台にある西岡家の墓にお参りした。

沢田としきはこのコンサートでも毎回心のこもったパンフレットを作った。東京からは加川良も来て出演していた。ステージでリハーサルが進んでいた時、会場前に出てみると、晴れあがった空と、伊勢の海も近く気持ちのいい広場だった。一緒に来ていたのだろう沢田節子と加川良の妻・小斉富士子の二人が話し合いながら散策しているのに出会った。僕は挨拶をし、少し話したのだが、今になるとそんなことも思い出される。この時には、翌年に沢田としきが、そして8年後に加川良が逝ってしまうとは、思いもよらなかった。

08年7月に田川律『りつ つくる あるくうたう』（ビレッジプレス）を刊行した。それは伊勢真一が田川律を主人公にしたドキュメント映画『ゆめみたか愛は歌　田川律』を完成させて、全国で上映するのにあわせた出版だった。

そして表紙の絵は沢田としき。マイクとフライパンを両手に持ち、エプロンをして横じまのTシャツの上にアロハシャツを引っかけて、にこやかに歩いている僕らの兄貴・田川律の愛すべき姿を描いた。沢田としきにとって何度描いただろう、西岡恭蔵、大塚まさじ、田川律……。これからも何度も描いてもらうことになるだろうと思っていた。しかし、……。

大塚まさじ『旅のスケッチ』11年

**闘病の甲斐なく……**

1年間闘病したが、2010年4月27日、沢田としきは亡くなってしまった。51歳だった。信じられなかった。続いて半年後の11月28日、阿部登の悲報だった。二人の死は心にずっしりと重くのしかかった。僕が沢田としきと出会ったのも阿部登の紹介だった。彼は「春一番コンサート」やオレンジレコードや「HIP」など、40年間の大阪の音楽活動のリーダーだった。

59歳、60歳直前だった阿部登の最後は北区の病院だった。僕が見舞った時はもう意識がなく、眠り続ける彼のベッドの周りには、たくさんの仲間が集まり、口々に声をかけて泣いていた。帰りに光玄と石田長生と一緒になり、お茶を飲みながら阿部登を偲んだ。その石田長生も15年7月8日、62歳で逝ってしまった。

そして加川良。彼も17年4月5日、69歳で亡くなった。出会ってから48年もの長いつき合いのなかで、思い出はいくつもが頭をよぎる。

沢田としきが亡くなる前に、彼が毎号表紙を書いていた「ぐるり」は休刊した。09年10月号、最後の特集は、「田川律さよなら！ぐるり！終刊号はこの人で決まりだ！」だった。毎号インタビューを続けた田川律を五十嵐洋之がインタビューした。沢田としきは、必ず現場に出かけてスケッチして描くことを決めていたのだが、この号だけは病室で描いたのだ。そして休刊までの5年間、34点の貴重な絵が揃った。

11年になって、僕は大塚まさじと次の本の話し合いをした。沢田としきはもういない。でも彼と一緒の本づくりをしたい、これはお互いの気持ちだった。「雲遊天下」の20号分の連載を、沢田としきの挿絵とともにまとめようと話した。

連載中に亡くなった西岡恭蔵とKUROについては本文最後の章「レクイエム」でくわしく触れ、大塚まさじは「あとがき」で二人に思いを込めた。

——沢田としきくんが去年の四月に急性骨髄性白血病で、五十一歳という若さで逝ってしまったことだ。この二十枚の絵は、どれも彼の個性に溢れ、黒のペンだけで描かれたどのシーンからも、それぞれの音楽が聴こえてくるように思えるのは僕だけだろうか。そして、そのすぐ後の十一月には、あべちゃん（阿部登）が還暦まであと十三日というところで急逝してしまったのである。二人とは、まだまだ一緒に遊べると思っていただけに、本当に残念でならない。しかし、この本が出来上がったのも、二人のお蔭かとも思い、深く感謝している。

……（『旅のスケッチ』11年）

デザインは沢田としきがK2時代に一緒だった高橋雅之に依頼し、沢田としきの20枚の原画とカバーに使う絵は沢田節子に出してもらった。

11年10月、大塚まさじ『旅のスケッチ』（ビレッジプレス刊）はできあがった。

五十嵐洋之編集発行で101号から再スタートした「雲遊天下」は、106号（11年5月）で

「ぐるり」の表紙絵、沢田としきの絵を並べて「特集◎近くて遠い風景」を組んで彼を偲んだ。

本書を校正中の19年2月、新しい本ができてきた。沢田としきの絵を使って沢田節子が装幀した大塚まさじ歌詞集『月のしずく』（ビレッジプレス刊）だ。大塚まさじの詞に一番似合う沢田としきの絵と、糸川燿史の写真が組みあわされ、表紙絵は黒田征太郎だ。完成記念のライブペインティング（2月16日／KAKIBA〔描場〕）が開かれ、ステージで黒田征太郎も絵筆を持ってしゃべったが、それは沢田としきが81年にK2に入るときの面接の様子のことだった。黒田征太郎が尋ねたことは「演奏ができるか、歌えるか？」だけで、沢田としきは「できます」と言って、目の前で歌ったそうだ。K2時代の始まりだった。

僕にとってはやはり「SAWADA COMIX」が沢田としきの原点だ。彼の組み立てるフィクションは面白いし、その中で行動し対話し独語する主人公が好きだ。表情もいいし、カッコいい。街や部屋、店内も隅々まで描きこまれていてわくわくする。

もちろん彼の作品で圧倒的に多い絵本や、ジャケットや本のカバー絵、挿絵、チラシ、フライヤー、パンフレットの絵なども奥深い味わいを感じる。ホームページのタイトルは「Pintor 沢田としきイラストレーター・絵本作家」となっている。Pintorはスペイン語で絵描き、画家のことらしい。しかし、文章に沿わざるを得ない挿絵はまた別の世界だろう。彼独特の物語はなかなか出しようがないと思う。

沢田としきの音楽との関わりでいえば、自身でもサックスを吹き、ジンベを叩いたし、仲のいい友人たちと演奏した。それは彼が描く絵のようにカッコよかった。加えて、これらの仲間たちが活動する音楽シーンや生きる世界の絵をずいぶん描いた。

彼の実際のつきあいは、僕の周辺、大阪や神戸で見ると、少し上の世代との連係プレイが多かったと思う。それも関西フォークと呼ばれる出自からのミュージシャンとのつき合いが多かった。彼らからの依頼をいつも喜んで引き受けて、お互い信頼しあいながら多くの仕事をし、またともに楽しんだのだろう。

そういった絵と音楽でつながった人びとをずっと大事にしながら、逝ってしまった。そんな人びとと、自身をモデルにして展開するフィクション、「SAWADA COMIX」をもっともっと見たかった。

絵本、ＣＯＭＩＸ、挿画本の刊行点数は数十冊に及び、残された絵も多い。彼の全国的な活動を思うと、僕の知っている沢田としきはそのごく一面だろう、この本はその世界だ。

一枚一枚の絵を見直し、いろんな出来事、音楽やイベントのシーンを思い出し、君を想ってこの一文を書かせてもらった。

なお、沢田節子は毎年彼の絵を使ったカレンダーを制作している。ホームページも続いていることを記しておこう。

寺島珠雄　96年11月

寺島珠雄初連載
「プレイガイドジャーナル」
78年4月

# 第3章
# 寺島珠雄と同時代ライブラリー

寺島珠雄追悼特集「雲遊天下」
99年11月

## プロローグ

寺島珠雄は詩集13冊を数える詩人だ。また評論・評伝・エッセイを書き、60年代から70年代には釜ケ崎に住んで日雇い労働者として生き、のちには執筆活動に専念し、また出版企画と編集で活動し、常に自身の生活と周辺の状況を発信し続けた。著書もずいぶん多い。最晩年に上梓した『南天堂』（皓星社／99年）の著者紹介によると「アナキズム詩史に通じ、文献の博捜と綿密な考証で知られる。」とあった。

16歳から辻潤に重ねた生き方がうかがえるような文章もある。

――「スティルネリアンである僕は、時に役者となり、時に寄席芸人となり、時に浮浪人となり、時に食客となり、時に翻訳業者となり、時に小説を書き、時に職工となり、時に……となることがありませう。僕は惟だ自分の自我（スティルネルはそれを（略）創造的虚無と呼んでいます）のおもむくままに生きて行くのみであります。」（略）辻潤はこう書いている。（略）この序文ならスラリと頭に入った。（略）十六歳の秋だ。そうして同じ時期に大杉栄も読んだ。……（『私の大阪地図』より／たいまつ社／77年）

寺島珠雄は99年7月に亡くなった。18歳年下の僕は、69年に知りあってから亡くなるまでの30年間を、近く遠くで親しくしてもらい、多くの教えを受けた。その身を律した生き方を知って、それに自分を映すことで、時に心弱ったり疲れたときずいぶん励まされる思いだった。途切れることのなかった通信の受信先の一人として僕もあげてもらったし、また共通する友人も多い。残された資料も多いので、それらをよりどころに僕の活動も並行して加えながら、その間の記録をまとめてみようと思う。

7月に見送ってから、僕は「雲遊天下」22号（99年11月）で特集「寺島珠雄」を組んで追悼した。寄稿を、晩年の寺島珠雄の活動を支え、のちに「寺島珠雄事務所」活動をはじめる武内正樹と、釜ヶ崎に住んで労働の日々に「労務者渡世」を一緒に出していた水野阿修羅に依頼し、さらに僕の好きな詩を13編掲載した。その詩句やエッセイの言葉は寺島珠雄の生き方そのもので、削りそぎ落とし鍛えられたものだ。僕はそれに限りなく魅了された。

## URCレコード「禁歌集」録音会場で

69年、僕はアート音楽出版で「フォークリポート」の編集に携わっていた。秦政明社長のもとで、兄弟会社に音楽舎とURCレコードがあった。60年代中ごろから自作自演のフォークソング運動が広がり、多数の若い世代が参加し、大きなうねりになっていたが、そのいくつかの活動の拠点のひとつだった。

67年に秦政明は高石ともやと共に高石事務所（のちに音楽舎）を設立し、ミュージシャンが多く集まっていた。彼らはシンガー・ソングライターでもあり、歌いながら歌も作っていたことから、その楽曲の管理をするアート音楽出版をつくり、さらに自前でレコード制作販売までをしようと69年にURCレコードを設立した。わが国で最初のインディーズレーベルの誕生だった。

学園闘争、ベトナム戦争反対、70年が目前に迫った日米安保条約改定反対などの時代、社会は騒然としており、世界的にもアメリカの公民権運動、ベトナム反戦、フランスの5月革命、中国文化大革命などが多発し、音楽活動の分野も無関係ではなかった。政治的に市民、学生、民衆の異議申し立てが広範に起こり、力を持ったし、文化的にも新しい表現が生まれてきた時代だった。

そういった時代の影響をうけながら、新しい歌が生まれ、多くの新しい歌い手や聞き手が広がっていったと思う。

「フォークリポート」編集をやりながら、僕はURCレコードの大阪でのレコーディングの制作を担当していた。その前に務めていた大阪労音事務局で機関誌「新音楽」の編集やコンサートの舞台監督の経験が少しあったので、新しい職場での業務を何とか遂行できていたのだ。

「フォークリポート」に毎号寄稿していた竹中労から、69年になってURCレコードの企画として「日本禁歌集」シリーズの提案があった。氏の造詣の深い伝統芸能の分野で、春歌猥歌だとして今まで社会の表で歌われてこなかった中に豊穣な民衆のエネルギーあふれる歌がある。それらはまさしくプロテストソングであるととらえ直し、歌い続けている歌手や芸人を集大成してURCレコードのラインアップに組みこもうというものだった。

すでにシリーズ第1弾で「桜川ぴん助」がリリースされていた。第2弾としてあがったのが西成区のてんのじ村・芸人長屋を拠点にした「團之助事務所の芸人たち」の諸芸だった。これは大

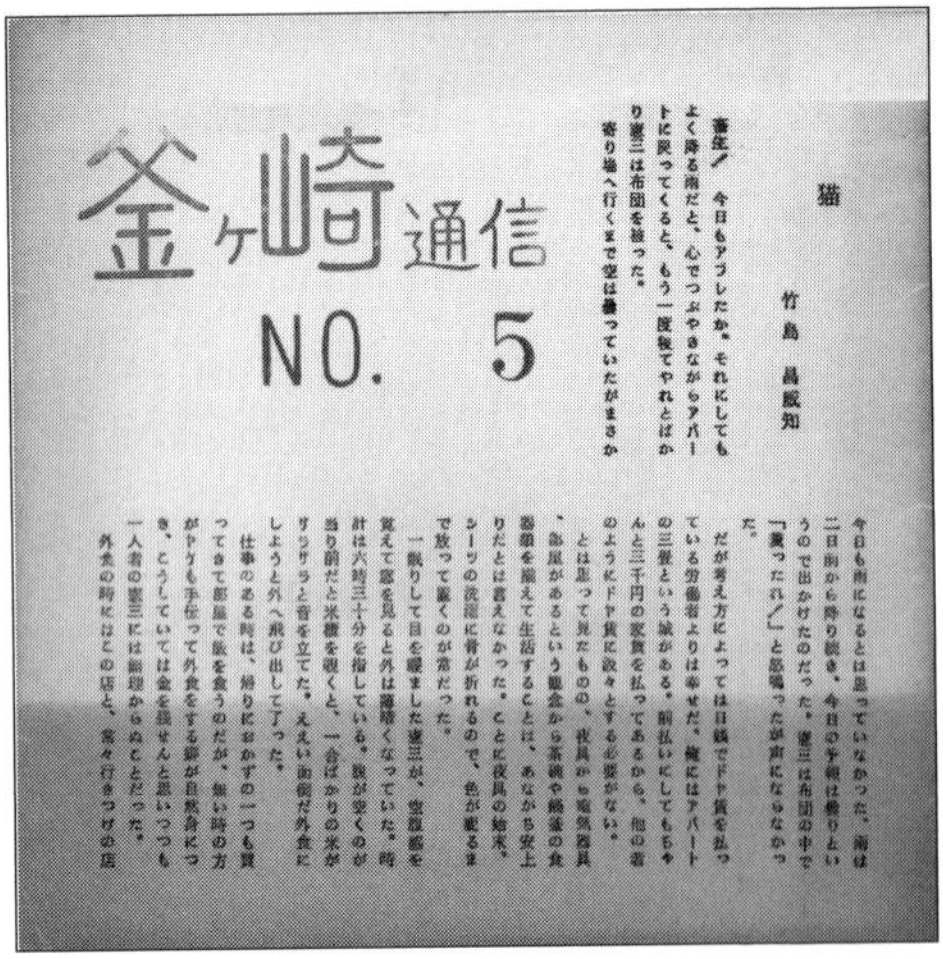


「釜ケ崎通信　5」69年11月

阪レコーディングなので僕の担当となり、69年10月21日、録音会場の料亭まつむらに録音機材を構えたレコーディングスタッフがセッティングを終えていた。そして出演者一同、プロデューサー竹中労、秦政明も揃った。

その席に竹中労のゲストとして寺島珠雄、竹島昌威知が出席したのだった。僕は二人に紹介されて、その日は挨拶だけだったが、その後寺島珠雄からは二人が出していた「釜ケ崎通信」や詩誌が送られてくるようになり、また僕も「フォークリポート」を送った。

この「釜ケ崎通信」で知ったのだが、8月に別冊という形で寺島珠雄詩集『まだ生きている釜ケ崎通信別冊』（発行人＝竹島昌威知）が刊行されたばかりだった。そして刊行を祝う会が9月に開かれていて、その発起人の一人が竹中労だった。二人の関係は後でふれるが、レコーディングの場にゲスト参加もなるほどとうなずけた。

結局この録音のレコード化は実現せずで、「日本禁歌集」シリーズはその後「博多淡海」「嘉手苅林昌」「笑福亭松鶴」と続いた。

しかし70年の高揚した政治の季節は終わり、すそ野を広げたフォークソングやロックの分野もメジャーレコードが資金力に任せて進出し、日本のポップスを急変させながらヒットしていった。ミュージシャンも分断されてメジャーに移ったり、歌うことを休止したりして、音楽事務所の存続やマイナーなレコード会社の経営はむつかしくなっていった。

僕のやっていた「フォークリポート」は生き残りのために月刊から季刊に変え、編集部を強化しようと中川五郎、早川義夫が加わった。しかし、その季刊1号70年冬の号がわいせつ図画販売の容疑で押収される事態になったのだった。このわいせつ事件はその後10年近く裁判闘争を続けるのだが、僕は71年4月、アート音楽出版を退社した。この激しい動きに関しては『プレイガイドジャーナルへの道』に書いたのでここでは省く。

## 「プレイガイドジャーナル」創刊と朝日新聞「歌詞盗作」記事

そして7月、フリーになった僕は友人たちと「プレイガイドジャーナル」を創刊した。そのあわただしい中で一つの事件がURCレコードで起こったことを新聞で知った。寺島珠雄と加川良に関したことで、びっくりしたがもう退社したこともあって見守るだけだった。

僕より数か月あとにアート音楽出版に入社した加川良とは短期間狭い事務所で机を並べて仕事をしたが、彼は歌の練習も熱心にやっていた。まもなくの70年夏の中津川フォークジャンボリーで飛び入りのような形で出演し、受け入れられてからは演奏中心の活動に移っていた。

70年を過ぎてのフォークソングは、時代の変化を背景にプロテストソング一辺倒から「もはや眼は中にむかっている」(中山容)とその方向が変わってきた。そしてそのトップランナーのように加川良の歌が迎えられ、一挙に人々をとらえたのだった。彼のうたう場はどんどん増えていき、URCレコードは当然のようにアルバムを企画した。

加川良がそれに応えようと必死に歌作りに励んでいたことは容易に想像できる。レコーディングに耐える水準の歌を10曲以上そろえなければいけないのだ。彼のノートには自作詞、詞や言葉のヒント、メモ、目に触れた詩などがどんどん増えていった。同時にギターを弾きながら曲作りも進めていたことだろう。

そのころには「フォークリポート」編集部に送られてきていた寺島珠雄の詩誌もあったし、それを目にした加川良がメモの中に加えたことだろう。もちろん、彼にとって寺島珠雄は未知の人で無名の詩人だったと思う。

71年6月、加川良の最初のアルバム『教訓』がリリースされた。レコードデビューだったが、「大型新人」という評価でレコードは多くの人に聴かれ、受け入れられ、みるみる人気者になっていった。

9月になって、朝日新聞が「歌詞盗作」という記事を出した。加川良の歌「働くな」が寺島珠雄の詩「伝道」の盗作だと、二つの詩を並べていた。また寺島珠雄の「謝罪要求」のコメントがあった。

加川良は、掲載された雑誌で「伝道」の詩を見たこと、ヒントを得たことを、記事の中ですでに認めていた。未知の作者で連絡のしようもなかったと、謝罪し、追加プレスから削除し、それからは一度も歌っていないと思う。手痛い洗礼を受けたのだった。

当時のめまぐるしい状況に思いを馳せる。加川良は歌いはじめてまもなくだった。その、まったく世に知られてない名前が、ほんの1年足らずで大新聞のニュースになるほどのミュージシャンになったこと、この時代の勢い。

詩を勉強するには人の詩を読んで、一つの言葉に触発されて1編の詩が完成することがよくある。室生犀星は次のように書いている。

——詩というものはうまい詩からそのことばのつかみ方を盗まなければならない。これは詩ばかりではなくどんな文学でも、それを勉強する人間にとっては、はじめは盗まなければならない約束ごとがあるものだ。……（『我が愛する詩人の傳記』中央公論社／60年）

僕も若いころのそんな経験を思い出しているが、加川良の歌作りの様子もうかがえるようだ。もちろん、今回のことはそれだけではないのだが、習作時代にそのまま人気シンガー・ソングライターになってしまった彼のとまどいを思わずにはいられない。

一方でフォークソングには特有の、群衆の中から歌が生まれてくる無名性の状況があったし、人々の中で一回性で歌われるときはそれでもよかったが、レコードになり商品化されると別問題だった。他方ではＵＲＣレコードという組織のバックアップ体制の薄さ弱さ、例えば著作権に対するアバウトさとその登録が簡単にスルーして見逃されてしまうことなどもあったと思う。

両者と秦政明が加わっての話し合いで決着したことと思うが、僕は夢想することもある。もし許されるなら「作詞＝寺島珠雄作曲＝加川良」でこの歌が歌い継がれることはできなかったかと。

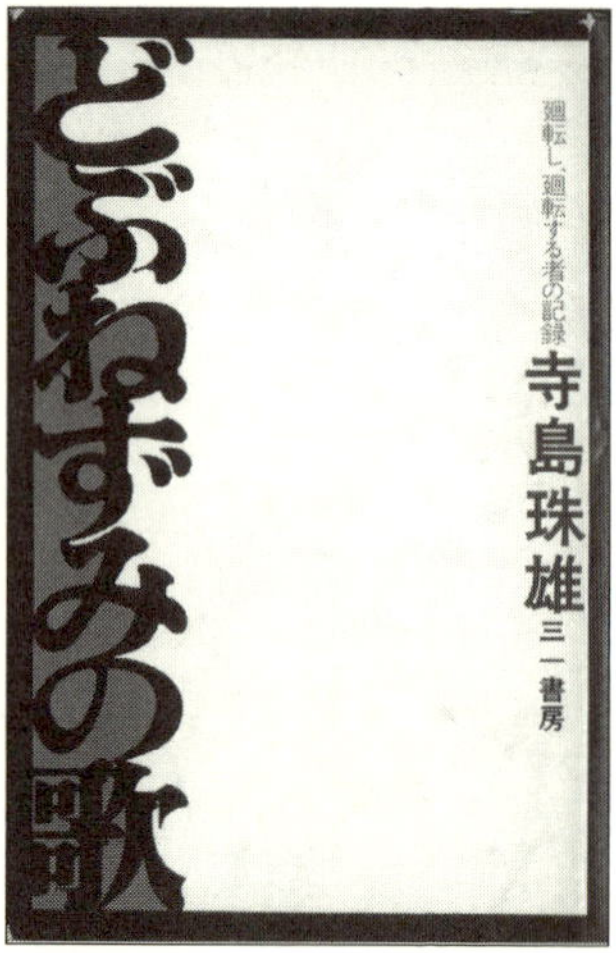

（右）寺島珠雄『どぶねずみの歌』70年
（左）寺島珠雄『私の大阪地図』77年

加川良はさすがにいい詩を見つけたものだ。さらに歌ってほしい詩もあった。高田渡が山之口貘や菅原克己、石原吉郎の詩を歌っているように、と思うのだ。

加川良は演奏旅行から帰ってくると「プレイガイドジャーナル」編集部に顔を出すこともあったし、72年3月号では表紙にも登場してもらった。「雲遊天下」34号（03年10月）の特集「秦政明とURC」では、亡くなった秦政明を二人で偲んだこともあった。しかし彼も逝ってしまった。

## 『どぶねずみの歌』と『私の大阪地図』

さて、72年ごろの僕は毎月の「プレイガイドジャーナル」発行に追いまくられる日々だったし、釜ケ崎に住み労働する寺島珠雄については、ときおり手紙や通信をもらうだけのつきあいだった。それでも大阪のイベント情報とタウン情報を主たる記事にする雑誌にとって、毎年のように暴動が起こる釜ケ崎の動きを知ることはあった。新左翼系活動家も加わって釜ケ崎共闘会議（釜共闘）が発足したり、「越冬闘争」、仕事の途切れる年末年始に炊き出しで労働者を支える行動がスタートしていた中で生活していることも知った。

寺島珠雄は、60年代はじめごろ大阪にやってきて飯場暮らしをしたり、東京との往復と、いわば放浪というべき状態だったろうが、66年には釜ケ崎に住みついたようだ。その後少し余裕が出てきたのか、創作活動や詩作を再開していた。

このあたりまでのことは『私の大阪地図』（たいまつ社／77年）に書かれている。ちなみに60年以前、辻潤や西山勇太郎を知り、詩を書きはじめた15歳ぐらいから戦後までは『どぶねずみの歌』（三一書房／70年）にくわしい。出会ったころに刊行されていたのだが、僕は知らずに、前後して古本屋で入手した。

両書とも、寺島珠雄ドキュメントとしてとても興味深いし、また後年の何人かの詩人の生涯を追った作品の文体や手法が自身を対象にしても変わらないこともわかる。また、読み物としてもおもしろいのは、その時々での主人公（著者）と女性との出会いや感情の動きが「ストーリー」仕立てで、ついつい深読みしてしまうのだ。

## 「低人通信」スタート

72年になって寺島珠雄はA4判1枚の個人通信「低人通信」をスタートさせた。自身の日常やまわりの関連する人々のこと、影響を受けたアナキスト詩人たちを追った記事などを書き、手書きコピーで友人知人たちに送った。タイトルの「低人」といえば辻潤の「低人」。寺島珠雄の「思考の原点」としての辻潤だ。

「低人通信　1」72年3月

――兄がハタチぐらい、ぼくが十五、六のころ、ぼくらはそろって辻潤にイカレたのだが、その戦中以来、戦後の労働組合運動やめまぐるしい転々のあいだも、ぼくら兄弟には、思考の原点のようなものとして辻潤があった。……（「低人通信」74年2月10日）

――辻潤の著『子子《ぼうふら》以前』が昭森社から出たのは一九三六年五月で、萩原朔太郎が巻末に「辻潤と低人教――跋にかえて」を書いている。辻潤と至近な距離にいた西山勇太郎さんの『低人雑記』（一九三九年七月無風帯社）はその朔太郎文をうけたものであった。私は『低人雑記』から朔太郎（へ）という逆の読み方を一九四〇、四一年にして以来、この言葉が好きになって変らない。以前、小雑誌に「低人低語」を連載し、その後「低人通信」をちょっとやったのは好きが昂じたあらわれで、こんどはいよいよ症状のてっぺんかどん底か、またこんなことをしたくなったのですする。……（「低人通信」第2次1号／90年4月15日）

――芸術が宗教でないように、こうした辻潤の生活もまた宗教ではない。しかしまたある意味で、それは一種の宗教なのでもある。辻は自ら自己を「低人」と称している。低人はニイチエの「超人」に対する反語で、谷底に住む没落人という意味だろう。そこで彼の説く救いの道は、実に低人の宗教であり、それ自ら「低人教」になってるのである。……（『子子以前』

萩原朔太郎「辻潤と低人教—跋にかえて」36年）

強く影響を受けた先人の言葉を通信名にして意気込みが感じられる。実際、「低人通信」は中断こそあったが寺島珠雄の亡くなる99年まで続くことになる。本書でも時々引用させてもらう。

中断後の「低人通信」第2次は84年からで、エンプティの武内正樹と紫村美也がサポートしての発信だった。彼らは寺島珠雄死去後に「WARERA」（寺島珠雄事務所ホームページ）を開設する。

「われら」の詩を読みたくなった。ホームページにあるのだが。

われら

前衛でなく
同盟軍でなく
無論主力ではなく
うしろに控えもせず
過程に奮迅して斃れつつ
新たな過程を現出せしめる
非編成軍団

擦過する
血をもてる影
のごとき
　　『まだ生きている　釜ケ崎通信別冊』（69年）

そして、初期の「低人通信」には飯場の労働についての記事があった。
――8月5日
バス停まで歩いて10分以上という畑のなかで、建て売り住宅の基礎コンクリートを打っていた。打ち終れば本日終了になる仕事で、おそくも2時には帰れる目算はあったが、なにしろ暑かった。どうも昨日やおとといより暑そうだと、仲間たち7人みんなしていいながら1時半に終った。ただし、ヒル休みなしでやったのだ。
夕刊をみたら、37度という記録やぶりの暑さだったと書いている。ハーンと思った。それは、仕事中の体感温度の正しさについてであると同時に、おれはこんな暑い日に生まれたのかという感慨でもあった。もちろん冷房なんかなかったとき、おふくろもずい分大へんだったろうとも思った。

――――――

塩をなめ汗をなめ他人の家建てる……（「低人通信」72年8月15日）

「労務者渡世　16」76年6月

## 「労務者渡世」創刊

さて、釜ケ崎は70年万博景気が終わってから労働者は急速に働く場がなくなるというシビアな問題を抱え、暴動が繰り返された。詩人井上俊夫はその様子を寄稿した。以下はその要旨。

――五月下旬から六月中旬にかけて、またしても大阪の釜ケ崎（あいりん地区）に騒動がもちあがった。騒動には不気味な底流がある。高層マンモスドヤなどが林立し、それがスラムの大衆化に拍車をかける。家出少年も平然と吸収する。当局とドヤ業者が手を組んで、南大阪の副都心部に二万有余人の収容能力を持つ前代未聞の超過密ドヤ街を現出させ、それの固定、保存化にのりだした。……（井上俊夫　朝日新聞　70年6月26日）

73年にはオイルショックにみまわれるなかで、日雇い労働者はさらなる困窮に追い込まれ、自分たちの生活を守るために市や当局との厳しい闘争、越冬闘争や炊き出しなどの活動を続けていた。

そんな状況の中で74年に「労務者渡世」が創刊された。これは寺島珠雄も加わった5人の労務者渡世編集委員会（中村豊秋、岩田秀一、久保利明、平井正治）によるもので、月刊で、釜ヶ崎地域内で市販された。毎号の特集では「うた」「しごと」「ふろ」「めし」「ドヤの火事」などが企画され、完売続きで労働者に強く支持された。同時に社会的にも注目されて、当時の雑誌や新聞からの原稿依頼には主として寺島珠雄が応じていた。誌名と創刊の意図、経過などはのちに僕の出した『釜ケ崎　旅の宿りの長いまち』（プレイガイドジャーナル社刊／78年）に収録された。以下は何度読んでもおもしろいので再録しておこう。「私記『労務者渡世』由来」。

――特筆しておきたいのは表紙の意匠である。

釜ヶ崎には、ドヤ、商店などによって「町を明るくする会」というのが作られている、警察の影響の強い団体だ。その会が配布してあちこちに貼ってあるチラシには次の標語（？）が勘亭流ふうに書かれている。

腹を立てるな
不平を言うな
物を苦にすな
笑顔でくらせ

まことにハヤ、ケッコウ毛だらけとはこんな場合にでも使うのか、スゴイ教訓である。『渡世』の表紙にはこのスゴイ教訓をそっくりバックに取り入れて、（文字の黒いのは輪郭だけの白ヌキにして）、その上に『労務者渡世』と浮かせたものを三号までやったあと、バックを少し削った。次のようにしたのである。

腹を立てる
不平を言う

物を苦にす
笑顔でくらせ

削らない前から、教訓をバックに使ってる気持はこうだったのを具体的にしたまでの話だが、読者には削ったことが好評だ。意図が呑み込みやすいわけだろう。……（「新日本文学」75年11月）

さらに誌名（と刊行の意図）に関して、寺島珠雄は「おれたちは労務者渡世：労働者を捨てた者の反転の論理」を寄稿し主張した。

――七年前、一九六八年一一月、釜ケ崎の小雑誌に私は短い文章を書いた。その要点は、慣用されている「労務者」という言葉は「労働者」と言いかえるべきだ。（中略）明文化された法条があっても、労務者ではない、労働者だ、という主張は不当視されるのだ。そんな厄介なことはサラリと捨てて、ヘイ労務者でございといこうじゃないか。そして、本当はまちがっているあれこれの人々に対する、追いやられた法外人の反抗、反乱の権利を握っていようではないか。……（「朝日ジャーナル」75年11月21日）

2年後には『労務者渡世釜ケ崎通信』（風媒社／76年）が寺島珠雄編で出版された。はやばやと1冊にまとめられたのだが、当時注目されて影響力のあった雑誌だということがわかる。そしてその印税を読者に還元しようと「労務者渡世文学賞」を設けたのも意表を突いていた。釜ヶ崎に流れてきた労働者に詩や小説を志向する人が多いと捉えるのは、やはり寺島珠雄の生き方が反映されていると思う。

これに関しては編集委員会の中村豊秋がインタビューされた朝日新聞記事がある。

――労働者自身の生活体験に根ざした創作や生活記録がもっと必要です。一人でも多くの仲間にペンをとってもらおうと思いました。……（朝日新聞／76年11月24日）

応募は二百編（四十人）あり、小説、生活記録、俳句、短歌あわせて八人が選ばれた。

74年には、これも寺島珠雄のライフワークになる連載「小野十三郎ノート」が「新文学」でスタートした。

寺島珠雄が生涯にわたって影響を受け、また掘り起こして記録作業を続けて、いわば評伝の形でまとめようと取り組んでいたアナキスト詩人は多い。辻潤をはじめ、岡本潤、西山勇太郎、吉本孝一、小野十三郎、吉本孝一、菊岡久利らがいたと思う。

各地を転々とする放浪の影響には辻潤がいただろうし、大阪の飯場まで来た理由の一つに、大阪に住んでいた小野十三郎の存在があったのではないかとも思う。

――自分の一群の詩人を「所有」するまでになったのだが、かぞえればその大半は或る時代の潮流から生れた共通項の多い人々で、小野十三郎もそこにはっきりといたのである。……（『断崖のある風景―小野十三郎ノート』プレイガイドジャーナル社刊／80年）

詩人小野十三郎は大阪文学学校設立当初からの校長で、その学校の機関誌的な文芸誌が「新文学」（「文学学校」を経て「樹林」になった）だった。その雑誌に小野十三郎評伝の連載を開始したのだ。

僕はいわゆる明治の革命伝説をよく読んでいた。幸徳秋水、大杉栄、伊藤野枝、管野スガ、荒畑寒村、堺利彦ら評伝自伝や、瀬戸内晴美『美は乱調にあり』など一連の小説が出版されていたし、並行して宮本研『明治の柩』『美しきものの伝説』や福田善之『オッペケペ』『魔女伝説』、木下順二『冬の時代』などの演劇が大阪労演例会に次々かかって、客席で興奮していたのだ。もちろん映画もいろいろあった。歌いながらいつまでもでんぐり返しを続けるシーンもおぼえている。

そして寺島珠雄が取り組んだのは、昭和時代まで生き延びた辻潤をあいだにして大正、昭和戦前、戦後に生きた人びとだ。「小野十三郎ノート」は小野十三郎を柱にして大正から昭和初期、戦前までの物語が書かれていた。身近にそんなことを書く人がいるのも初めてだし、毎号わくわくしながら読んだ。ちなみに、僕にとっては演劇センター68／71黒テントの佐藤信「喜劇昭和の世界」作品、『阿部定の犬』『キネマと怪人』『ブランキ殺し・上海の春』はその延長線上にあるととらえて鑑賞してきた。

## 手紙「K・Sさんのこと」

ここで1編詩を紹介しておきたい。次のような手紙と詩が寺島珠雄から送られてきた。

「この雑誌（「AMAZON」）知っているかと思いますが、友人たちがやっていて、ぼくも会員になっています。こんどはじめて詩をのせたうち（二）とある方はK・Sさんのことなので、貴兄に読んでもらいたくなりました。どこへ行ってるのか、当方はまったく消息不明。もし何か連絡取れるようなときは、この詩のこともふくめて、そして元気でいるように言って下さい。(76・1・29)」

（二）

旅に出るという。
いまなら体力があるという。
ありすぎる家財道具はみんなにあげてという。
下唇に
火傷のような跡をつけた女は
未練はあるのよともいうが
その男におれは会ったことがない。
六〇年やベトナムやアングラ芝居や流産を
鯛と鯵とカワハギとモンゴイカで徳利を並べながら
女はしゃべり続ける。
雪の深い村へひとまず行って
それからと。
村は村であって

早稲田小劇場終了後（71年4月毎日国際サロン／撮影＝糸川燿史）

女の故郷ではない。

（75・10・22）
（「AMAZON」76年1月）

「K・Sさん」としたが手紙は本名で書かれている。僕の大阪労音時代の同僚で、演劇センター68／71黒テントや早稲田小劇場の公演実行委のメンバーでもあったし、「プレイガイドジャーナル」創刊前後には協力してもらった。難波元町の喫茶ディランの近くに住んでいて、時に旧知だった新左翼活動家を泊めたりしていた。その活動家が官憲に追われていたとかの話も聞いた。自身は政治的な活動はやってなかったと思うが。

76年1月だが、プレイガイドジャーナル社の事務所に突然刑事が2人入ってきた。

かつてフォークリポートわいせつ事件で71年2月にも踏み込まれたことがあった。そのときは雑誌を押収されて、曽根崎署で何度も取り調べられたこともあったし、その裁判の第1審は76年1月にようやく結審したところだった。

まもなく3月の判決では無罪を勝ちとるのだが、僕はその裁判記録集を刊行したところだった。

ところがどうもそうではないようだ。プレイガイドジャーナル社を株式会社にしたところだったし、事務所も心斎橋の江川直ビルに移したところだった。事務所には僕一人しかいなかった。「社長です」と威厳を持って応対したが、しまらないことにTシャツGパン長髪姿なのだ。

警備課所属の刑事は、過激派セクトのある人物・容疑者とその協力者について追っているが、知っていることがあれば教えてほしいということだった。K・Sのことを言っているのはすぐわかったが、まったく知らない、心当たりはないと返事を繰り返した。実際彼女はもう大阪にはいなかった。

よくある聞き込み捜査か目的があったどうかはわからず、そのまま帰ったが、あるいは新事務所の内部を見たかったのかもしれない。そういうこともあったし、そういう時代だった。

前後して僕はこの手紙と詩を受けとった。そうか、K・Sは北海道へ行ったと聞いていたが、行く前に寺島珠雄と会っていたのだと思ったりした。

記録を見ると、さかのぼる71年4月29日、大手前にあった国民会館で「詩乱71」が開催された。友人の詩人支路遺耕治が主催したのだ。僕も参加したが、会場にはやはり詩人の木沢豊やK・Sも来ていた。寺島珠雄とも会った。言葉を掛け合ったかも知れない。このことをおぼえていて手紙をもらうことにつながったと思う。そのころ僕らは早稲田小劇場公演に取り組んでいた。5月の公演はなかなか盛りあがって、その直後ロビーで出演者とスタッフが揃って撮影した記念写真がある。そこには鈴木忠志や白石加代子と並んで笑っている彼女を見ることができる。また「プレイガイドジャーナル」創刊直前の元気いっぱいの多くの仲間も写っている。

この手紙と詩を寺島珠雄にもらったころから現在２０１９年に至るまで、まったくK・Sの消息はない。

この詩は『わがテロル考』（VAN書房／76年）に「女」というタイトルで収録されている。ちなみに、78年には詩集『情況と感傷』（VAN書房）が出たが、それに「われら」「伝道」が載っている。

## プレイガイドジャーナル社の単行本出版事情

ここでプレイガイドジャーナル社の単行本出版に至る経緯を書いておこう。

「プレイガイドジャーナル」はスケジュールガイド誌なので毎号イベント情報を掲載するのだが、情報源として人（表現者）とハコ（館やスペース）とつきあうことになる。その過程で多くに人と出会いがある。それらの表現成果を集めて誌面を編集するし、また表現者そのものをも紹介する。そうした編集作業で雑誌メディアを、つまり毎号を発行し、読者に届け、役立ってもらうこと。そういった回路、ネットワーク、コミュニケーションが僕らのほとんど唯一の目的だった。これはほとんどのミニコミを出す人たちと同じことだろう。

ところが、どうやら雑誌と単行本は両輪となって出版社が形成されるようだ、ミニコミが簡単に出せたのと同じように、単行本も出せるかも知れない。そんな思いになってきていた。

「プレイガイドジャーナル」は71年創刊以来年月を重ねて、幸い読者に受け入れられ部数を毎月伸ばしていた。しかし運営はあいかわらず素人の域を出なく、定価100円をイキに感じていてやっていたようなところもあった。大勢のスタッフを集合させて、その生活も顧みずに、毎号半分遊びのお祭り騒ぎ。とにかく楽しかった。

しかし、オイルショックで紙代印刷費が上がって、部数は伸びても財政的にはじり貧でなかなか展望を見出せず、人づてに声をかける広告もなかなか伸びず、広告代理店との連携などは思いもよらず、印刷代の支払いにも足りなくなって、一人だけの専従だった僕も持ちこたえられなくなってきた。

73年に編集長を林信夫に替わり、僕は雑誌を活用する事業開発に専念することにした。興行主催や海外旅行企画、PR誌編集制作の請け負い、集めた情報のメジャーメディアへの提供など、雑誌から広げられる事業は多かったし、スタッフは多く余力はあった。僕や編集部メンバーは実質それらで食っていたといえる。

この体制変更で僕は単行本出版にも踏み出したいと考えた。

73年に六月社書房からの呼びかけで『大阪青春街図』を1本編集することでスタートした単行本づくりは、六月社書房の倒産を経て自前の出版社をという動きがあり、兄弟会社として有文社を誕生させた。

僕らは引き続き『京都青春街図』『神戸青春街図』を編集して、有文社で刊行するという形になった。一方で、プレイガイドジャーナル別冊号の形で「プガジャマガジン」シリーズを企画し、糸川燿史写真集『グッドバイ・ザ・ディランⅡ』、モリスフォーム『ジャム&バター終刊号』、

『対談つかこうへい・佐藤信』、『フォークリポートわいせつ事件』(珍・満)、大村泰久イラスト集『私、能天気じゃあないんじゃあ、ないかと』の6点を発行した。

プレイガイドジャーナル社を75年に法人化した機会に、本格的に単行本の出版に動きはじめた。そのためには関西圏だけでなく全国書店に配本を可能にする取次との取引が必要だったが、まだ契約できていなかった。

最初の出版物にいしいひさいち4コママンガ集『バイトくん』を決め、77年発行にこぎつけ、同時に取次のトーハン、日販と契約ができた。

一連の動きについてくわしくは『プレイガイドジャーナルよ』に書いたので参照してほしい。取次との取引契約を申し入れるさい、年間2点以上新刊を刊行することが必須だった。そのラインナップづくりには、机上プランでいろいろ並べたが、その中に当時の「プレイガイドジャーナル」寄稿者に加えて寺島珠雄の名前もあげた。

実際いい加減なものである。要求されたのは具体的な出版計画だったのだが、憧れやこんな本を出したいという思いで寺島珠雄の「小野十三郎ノート」をあげたのだった。アナキズムも釜ヶ崎も生半可だし、寺島珠雄の活動も十分に知っているとは言えなかった。

## 『釜ケ崎　旅の宿りの長いまち』刊

78年が明けるとまず寺島珠雄に会いにいこうと決めた。一つには「プレイガイドジャーナル」本誌の連載の提案で、こちらは釜ケ崎で刻々と起こる出来事とそこでの生活についてのレポートを依頼すること。もう一つは単行本の可能性。まず思っていたのは「新文学」に連載がついている「小野十三郎ノート」だった。それはいつまで、どのようなペースで続くのか、テーマからして大手出版社から出ると思うがその予定はあるのだろうか。

手紙でのやりとりはあったし、詩の集まりで会うこともあったが、といってそれほど氏を知っているわけでもない。『どぶねずみの歌』は、戦前戦後の生きてきた記録、詩や同人誌での創作活動、影響を受けたアナキスト詩人らについてなど、まさに寺島珠雄ドキュメントだった。

僕の記録によると、会いにいく前日の1月17日は中川五郎と大阪で一緒だった。フォークリポートわいせつ裁判の高裁公判の証人申請の日であり、石川弘義成城大学教授、室謙二「思想の科学」編集長を申請することが決まっていた。中川五郎は一身に被告を引き受けて8年、一審無罪を勝ちとったのに、控訴審にむりやり引っぱり出されて闘っていたのだ。

寺島珠雄と会った18日の夜、彼は神戸アローで、19日は阿倍野マントヒヒでライブがあり、僕は両日とも参加した。単行本のことや会いに行く寺島珠雄のことも話しただろうし、元気づけられたと思う。

寺島珠雄は18歳年長だった。僕は「フォークリポート」時代にはやはり10～20歳ほど上の世代の人たち、秦政明、竹中労、中村とうよう、三橋一夫、林光、片桐ユズル、中山容、有馬敲、村田拓、藤田一良らに原稿を依頼することでつきあったが、年長者から若い世代に経験や知識を文章で伝えてもらうという形だったと思う。時にはアジられたり、ハッパをかけられたが、概ねは冷静に状況判断し、解説原稿を書いてもらった。

「プレイガイドジャーナル」時代では、林信夫が年長の喜劇作家・香川登枝緒の連載「仏心鬼語」をもらったのも、若い世代にもの申す的な原稿だったと思う。何しろ若者文化まっただ中、編集側の仲間も読者も同世代、気楽にやりたい放題の雑誌、集団だった。

しかし、寺島珠雄に出版依頼するのは、氏のメインストリームの仕事だったし、その書かれている対象はさらに20歳年長の大正・昭和戦前世代の話だったのだ。僕からの申し出にちょっと信じられない思いだったのではないだろうか。

当時住んでいた山王町の部屋に行ったと思う。会って、さっそくこわごわと切り出した。もちろん結果は何も心配はなく、歓迎してくれて、それがその後20年以上にわたるつきあいの始まりだったのだ。

「プレイガイドジャーナル」での連載提案に関しては4月号から書こうということですぐに決まった。

また「小野十三郎ノート」の見通しについて、また出版にも好意的に応じてくれたのは、若い世代の発案がうれしかったのかも知れない。もうしばらく連載を続けてから、これを単行本にまとめたい、そのさいの構想は……などと、のちに手紙で送られてきた。

逆に釜ケ崎関連の原稿がかなりたまっているが読んでみないか、と提案された。預かったスクラップブックを見ると、「現代の眼」「朝日ジャーナル」「情況」「思想の科学」「総評」「新日本文学」「自由連合」「蝶恋花通信」「解氷期」「イオム」「労務者渡世」、また朝日、読売新聞など多岐にわたっていた。多くの問題を抱えた釜ケ崎のここ数年の状況に関して、発信者としてなくてはならない存在になっていたのだ。僕はそれを再確認させられた。

持ちかえって原稿を読んで、いっぺんに気に入ってしまった。特に釜ヶ崎での労働と生活についての個々の原稿は一つ一つが興味深かった。また氏独特のそぎ落とされた文体、それでいて別の角度で言いかえて明確に主張する文章は魅力的だった。すぐさま出版したいと申し出た。並行して僕なりの編集案にかかった。

しかし原稿枚数はずいぶん多く、ページ数がかなり増えそうだったが、定価は1000円までにおさめたかった。話しあいながら次の手紙のように落ちついた。

「前半は、論的なものと硬派レポートを主とし、配列は発表の新しい順にした。後半は、風俗と自分を主とした、こちらは発表の古い順に並べた」

そして中央に詩をおいた。3冊の詩集『まだ生きている　釜ケ崎通信別冊』（69年）と『わがテロル考』（76年）と、そして6月に出る予定の『情況と感傷』から再録することにした。

当初予定にあがった「釜ケ崎語彙集」はかなりの分量なので残念ながら落とさざるをえなかった。これは当時三一書房から出版予定で、寺島珠雄、岩田秀一、大山潤造、竹島昌威知共著で進められていたが、出なかった。それで、その一部、寺島珠雄執筆分のみを載せようということを考えたのだが。なお、この企画は13年になって『釜ケ崎語彙集1972-1973』として新宿書房が発行する。

僕と寺島珠雄の出会うきっかけだった竹中労に解説か跋を書いてもらいたかった。7年ぶりのコンタクトで恐縮しながら手紙を送った、快諾を得て、2週間後、力のこもった20枚の原稿が届いた。結局総ページ数は272ページになった。

竹中労の跋はすばらしく、その一部を『プレイガイドジャーナルよ』に掲載したので、ここではぶく。

書名についても僕はいくつかの案を出した。その場では採用されず、決まらなくて、帰ってから届いた手紙にいい案が出されていた。

「書名については、いまのところ『釜ケ崎・わが町』というのが浮かんでいるが固執しない。長くていいのならと『釜ケ崎・旅の宿りの長いまち』というようなものも考えられる」

想像もしなかったような書名に、さすが詩人！と感心したのだった。ところが、今回、何十年ぶりかで本や資料を読み返していると、思わぬ発見があった。寺島珠雄が84年に上梓した『西山勇太郎ノート』(「虚無思想研究」編集委員会)だ。

辻潤が、亡くなる1年前の43年(昭和18年)各地を転々としていたが、西山勇太郎に連絡をとろうとしてとれず、奈良滞在中に風間光作あてにその事情を書いて出した手紙があり、寺島珠雄がその一部をこの本で引用していた。

――その後は大変ごぶさたしてゐる自分でもどこをウロついてゐるのか見当がつかなくなって来た西山に会ふかねこんだ東京へかへったら是非一度会ひたいと思ってゐる(約40字略)名

月や旅の宿りの平凡さ……（辻潤『西山勇太郎ノート』46年）

これは何!?と思わず口に出した。40年前に感心した寺島珠雄の出した書名にはネタがあったのだ、敬愛する辻潤の俳句。

名月や旅の宿りの平凡さ

釜ケ崎旅の宿りの長いまち

この発見を寺島珠雄の生前に話したかった。どんな顔をしただろうか。

原稿が揃い、装幀は日下潤一と森英二郎に依頼した。二人は当時「プレイガイドジャーナル」の表紙でデザインとイラストレーションを担当していた。一日、僕ら三人は寺島珠雄に案内されて釜ケ崎一帯をロケハンすることになった。森英二郎は絵になりそうな場所を撮影していたが、歩く寺島珠雄もねらっていた。このころの彼の作品は版画ではなくリキテックスによるペインティングだったが、人物を得意としていることには変わりはない。ハンチングを被った寺島珠雄の絵ができあがった。日下潤一は自分が撮影した街の写真と、森の人物画の組み合わせでカバーを構成した。およそ今までの著書では想像もできなかっただろうラフ案を見て寺島珠雄はどう思っただろうか。一瞬信じられない、というふうな顔をしたが、それから破顔一笑、まあこれもありだろうと観念した感じだった。

さて、78年4月『釜ケ崎　旅の宿りの長いまち』は完成し、全国発売した。『バイトくん』もそうだったが、新聞や雑誌にずいぶん書評が載ることになった。まだ僕のビギナーズラックは健

寺島珠雄『釜ケ崎旅の宿りの長いまち』78年

在だった。よく売れた。各原稿の初出紙誌がこぞって書評・紹介にスペースを割いてくれたのだ。

――一種の〝解放区〟と見る思想

最下層労働者としての釜ヶ崎―。著者はこの事実を鋭く見据えながらも、そこに〝解放区〟としての明るさを見つけ出している、釜ヶ崎に永年住み、愛した者でなければ書けない内容だろう。……（京都新聞／78年6月12日）

批評してもらいたい候補トップに著者があげていたのがいいだももだった。その書評「長旅は終わらないよ」を以下に紹介する。

――「釜ヶ崎の自由というのは、そうした嫌悪されること、差別されること、侮辱されることを代償として得られる自由で、無名のまま死んでいく自由にまで及ぶ」（中略）

このもつれにもつれかねないところを、ねじくれにねじくれたところを、裁いてゆく渡世人でもあれば、苦労人でもある詩人の筆力の冴えは、巻頭の〈労務者渡世＝「労働者」を捨てた者の反転の論理〉〈私記「労務者渡世」由来〉に、一番あざやかにうかがわれます。「労務者」ではない、「労務者」とよんではならない、よばせてはならない、という主張の言い出しっぺである著者は、現在、若い仲間たちと『労務者渡世』を営々と発行している。なぜか？……（「新日本文学」78年4月）

## 小杉邦夫『泰平の谷間の生と死（1973-1978）』刊

そういった出版や雑誌の動きを見たのか、7月に釜ケ崎に住み込んで働き、写真も撮っていた未知の読者小杉邦夫が会いにきた。本にしたいという彼の多くの写真を見せてもらいながら、一つの流れの中にいるのだろう、引き受けようと思った。

それらの写真は、73年から78年までの暴動が治まり平穏な生活を取り戻しつつあった釜ケ崎と、それでも当局の圧力に対して対抗し、自衛する労働者の姿をとらえていた。労働者や住民の生活の厳しさは変わらず続いていた。僕は『釜ケ崎　旅の宿りの長いまち』に続く問題作として意気込んで取り組んだ。

写真集『泰平の谷間の生と死（1973-1978）』は78年9月に完成し、多くの読者に迎えられた。しかし、僕にとっては今後の出版活動をやっていくうえで肝に銘じる点もあった。

この写真集には、釜ヶ崎に住む人びと、働く場を得るためによせ場に集まる労働者、厳しい越冬や夏祭りで踊る姿、当局に対抗するためのデモ行進、炊き出しでの食事、ドヤでくつろぐ住人など、多く姿がある。

小杉邦夫は彼らに寄り添い、あたたかい視線で、自身もそこで生きる住民として強い連帯を示しながら、社会に訴えようとレンズを向けている。また彼自身が私服刑事に殴りかかられる寸前まで相手を撮ったシーンも巻末に掲載した。

カバー写真は、身元もわからぬまま行き倒れて死んだ労働者のために供えられた路傍の一輪の

小杉邦夫『泰平の谷間の生と死（1973-1978）』78年

花だ。小杉邦夫は「本書を名も知れず、孤独のうちに死んでいった人々に捧げたい」とあとがきを結んでいる。

しかし、撮る側、撮られる側に共通する思いがあり、相互に信頼感があったとはいえ、その中のある人は本で自分の姿が出ることを避けたかったのではないかとも思う。その人たちに思い至らなかったことは、今も反省としてある。いいだももが部分引用した寺島珠雄の文章の前後も出しておこう。

——地縁を脱し血縁を離れ、住所不定に、まったく無名の一人間として（ドヤの宿帳にも思いつきの名が多く。就労には名の必要がない）生きることが、真に悲哀であるのなら、釜ケ崎は放って置いても滅びるはずなのに、不思議に一定の人口を擁してむしろ流入は増加傾向にある。（中略）

労働とは本来、からだを使い汗を流して働くことであった。しかし現状はまさに本来の労働者である者が〃労務者〃という別の言葉で差別されている。釜ヶ崎の労働者は、屋外でよごれのはげしい肉体労働をし、労働の成果は道路やビルや学校や高層住宅など、社会的に有用なものであるにもかかわらず、その働き自体がむしろ嫌悪の目でながめられる。釜ヶ崎の自由というのは、そうした嫌悪されること、差別されること、侮蔑されることを代償として得られる自由で、無名のまま死んで行く自由にまで及ぶ。（中略）清潔で単純に生きたいといったのは辻潤だが、現代社会でその願いがもっとも具現されている場所としての釜ヶ崎をぼくは自分の内と外とでこれからも大切にしたい。……（『釜ケ崎　旅の宿りの長いまち』78年）

ところで、この写真集を寺島珠雄は「現代史の一断面をここにほぼ定着させた」と評価しながらも、最後に次の留保を付けて書評した。

――あえて「ほぼ」と留保つきふうに書いたのは、釜ヶ崎とは切っても切れない酒と労働者との関係が、立ち飲み屋も路上宴会も酔い倒れもあらわれていないようなところがあるからで、それはやはり欠いてはならぬものだったと私には思われる。……（「社会新報」78年11月14日号）

ここでは酔うことが正義である。
酔いどれた者だけが明日もおのれの場所で生きる。
おれはこの店に借金がある。
「人名簿ふうに大阪のへんな飲み屋で」最後の3行
（『釜ケ崎　旅の宿りの長いまち』78年）

という詩も書いている。寺島珠雄にとってはここは譲れないところだろう。

## 岡本潤死去

78年はいろんなことが起こった年だった。

『釜ケ崎　旅の宿りの長いまち』の制作が進行中の2月18日、寺島珠雄からハガキが届き、いくつかの用件のあとに岡本潤のことが書かれていた。

「入院中の岡本潤さんが絶望的となり、私は16日午前中に東京へ行きます。単に最後の別れをするだけでなく、雑事いろいろ前から頼まれていますから数日を要するはずです。」

岡本潤は78年2月16日、76歳で亡くなった。6年におよぶ入院闘病だったが、その間、寺島珠雄はずっと見守り、いくつかの岡本潤著作の刊行に力をそそいだ。岡本潤は１９０１年生まれで77歳だった。１９２３年（大正12年）には壺井繁治、萩原恭次郎、川崎長太郎らと詩誌「赤と黒」を創刊し、まもなく小野十三郎も加わった。「小野十三郎ノート」でも重要な登場人物の一人である。

寺島珠雄は兄・大木静雄の影響で10代から詩を書きはじめ、西山勇太郎を知り、辻潤を知り、岡本潤を知った。戦後すぐの45年に兄とともに雑誌『ぶらつく』を創刊して実際に出会うのだが、それ以来の長いつきあいなのだ。

闘病していた74年4月には『詩人の運命―岡本潤自伝』（立風書房）が完成した。寺島珠雄は力のこもった「岡本潤私記」「あとがきに代えて」を書き加えた。そして秋山清・編で共に取り組んでいた『岡本潤全詩集』（本郷出版）も78年に刊行するのだが、死去にはまにあわなかった。こ

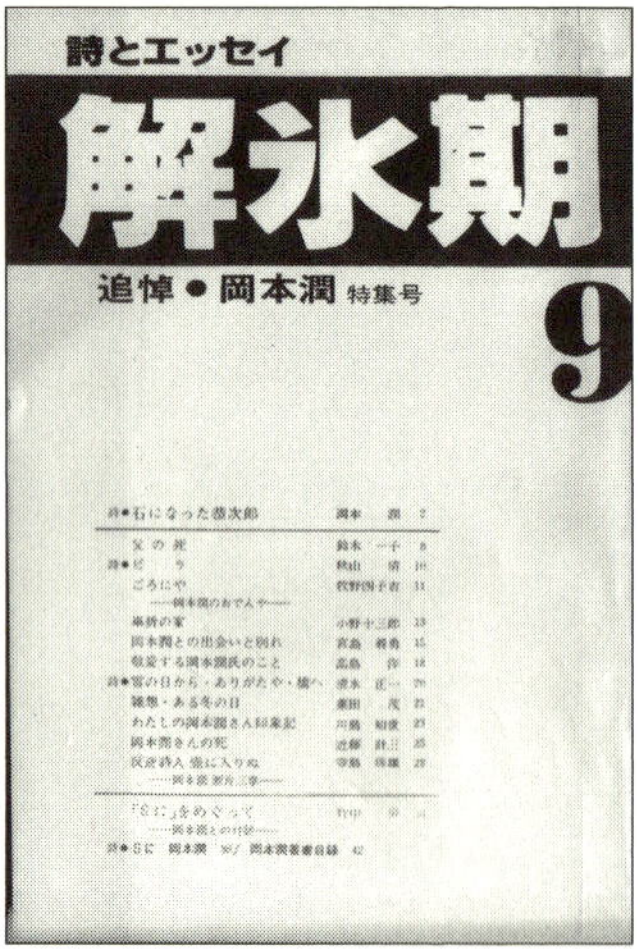


「解氷期　9」78年6月

れには詳細な岡本潤年譜を作成した。

永年集め整理してきた資料、出版物や手紙、紙誌の記事、関係者の聞き書きなどを整理し、並べ替え、構成しながら生涯の年譜を作成していく、単なる年譜とはいえ、豊穣な物語を紡ぎ出す作業は寺島珠雄の執念だ。岡本潤、小野十三郎など取り組んだ年譜は多い。

岡本潤死去後、追悼特集が「現代の眼」「新日本文学」「コスモス」各誌で組まれ、寺島珠雄は秋山清と共にその中心にいた。また大阪でのホームグランドだった「解氷期」でも特集を組んだ。この雑誌は川島知世、粟田茂、近藤計三、森上多郎、粟田倘右とで刊行する同人誌だが、鈴木一子、秋山清、小野十三郎、竹中労などの寄稿も得て寺島珠雄の力の入れ方が伝わってくる。

――私一個の感情として、これは追悼の当面の区切りで、あるいは皮切りで、まだまだあとがつづくのだという思いも強い。(中略)なお広くたくさんの教示を得て岡本潤年譜をきちんとさせて行くことを私は自分に課している。(中略)仮にまとめたと言っても三万五千字近い年譜は、近く出る全詩集では大きく省略されねばならぬ事情があったから、補充訂正を経た年譜がいつどんな形で発表できるか見当もつけられない。だが、そのこととは別に私はやろうと思う。やりたいのである。……(「解氷期」9号/78年)

少しさかのぼるが、岡本潤特集を組んだリトルマガジンがあった。川瀬健一が編集発行する「詩と現実」で、その5号、72年7月刊がそれである。ほとんどを協力した寺島珠雄が執筆して、エッセイ、詩、年譜、そして貴重な写真などを掲載し充実している。そのころは『岡本潤自伝—詩人の運命』の資料整理をやっていたころか。

しかし、川瀬健一はこの雑誌を6号で終刊させて、東洋思想研究所を立ち上げた。東洋医学や武術などを研究し、また台湾と往来して映画などを紹介している。

僕がプレイガイドジャーナル社を離れてビレッジプレスを設立した85年、彼と再会し、その研究の応用として『自閉症児の体操』の出版企画をもってきた。これを引き受けて出版したが、新聞に紹介されて好調だった。それで次々と一緒に単行本を企画することになった。87年『東洋医療体術』、89年『からだほぐし体操』、90年『仙人になりそこねた男』、91年『平安如意』、98年『台湾映画への招待—一夜にして中国人になった多桑（父さん）』。

『岡本潤全詩集』と同時並行に寺島珠雄が取り組んでいたのが『定本小野十三郎全詩集1926-1974』（立風書房刊）だった。745編の作品が収録されたA4変形判812ページの大冊で、78年11月、同時期に完成した。こちらにも寺島珠雄が5年かけて作成した小野十三郎年譜が巻末を飾った。また、年譜の作成過程で発掘された既刊詩集に未収録の作品も多数あった。これらは「補遺編」1章をおこして収録されている。

寺島珠雄と年譜作成、とことん掘り起こしてみせるという楽しみはいよいよ冴えを見せていたと言える。

その勢いは止まらない。79年には盟友近藤計三と計画した『資料小野十三郎』全2巻（編者寺島珠雄・発行者近藤計三／叢書・詩債庫刊）が刊行された。153編の全詩集に未収録の詩が発掘・収録されている。

発行人の近藤計三が発行の意図を書いている。

――全詩集によって、完結された小野作品の世界は歴然としてあるし、割愛することによって一貫した足跡を明らかにされていることはいうまでもない。にもかかわらず、あえて蛇足的な渉猟を試みたのは、その詩人にとって、たとえ負を荷す作品となるかも知れないけれど、それをも含めてその詩人の全体像をよりよく照射してほしいという切なる願いによるものである。（中略）小野研究につよく打ち込み、全詩集の詳細な年譜作成者である寺島珠雄の努力と編によって、はじめて実現したものである。……（『資料小野十三郎1』79年）

近藤計三は寺島珠雄と同人誌「解氷期」の仲間だが、僕との関係もあった。仕事場は大阪労演事務局、僕は大阪労音事務局で、事務所も大阪市北区の桜橋から渡辺橋まで堂島を少し歩くと会える近さで、よく訪れた。同じ観賞団体の職員同士として先輩として、近藤計三の他にも加藤三郎、尾崎宏次らとひんぱんに交流があった。アドバイスも得た。僕の60年代からの演劇鑑賞のスタートは当然ながら労演例会で、毎月欠かさず見てきたのだった。

また大久保勝子もいた。彼女は「プレイガイドジャーナル」創刊時に大阪労演事務局を退職して加わり、演劇ページを担当し、また僕とで日々の運営を支えたのだ。しかし、先の見えなかった創刊の半年に、生活を支えられなくて去ることになった。それは僕にとっても直面していたことだったが。

当時大阪労演事務局長だった岡田文江には、林信夫が「雲遊天下」で連載していた「舞台稼業列伝」の32号（03年2月）で登場してもらったこともあった。


78年末の大きな出来事として、寺島珠雄の引っ越しのことも書いておこう。西成区山王町から尼崎の立花へ。釜ヶ崎を出ることに関してはよんどころない事情があったようだが、そういったことは一切問わず、それを引き受けた。荷物出しの時に、あるいはトラブルも危惧されたのだ。当日は「プレイガイドジャーナル」編集部の力持ちや、車と運転手数人で乗り込んで作業にかかった。部屋はほとんどが本で埋もれていた。岡本潤と小野十三郎の2本の長大な年譜を生み出した資料、本や雑誌とはかくやと思われたものだった。ずいぶん稀覯本や高価な本もあるだろう、興味をそそられるからといって1冊ずつを見ているわけにはいかない。

しかし本の山は当時の僕らにとっては慣れたものだった。いしいひさいち著『バイトくん』が動いていたこともあるのだが、毎週山のような返品が取次から届き、それのカバーや帯の汚れを外して新しいのに取り替え、毎週かなりの数を納品する、その繰り返しなのだ。その頃にはさすがに編集部の事務所にどっと来る返品を受けられずに、西淀川に倉庫を借りたばかりだった。

引っ越しには取次のダンボールケースを大量に持ちこんで、ことなきを得た。無事に終了し、ずいぶん感謝された。

さて、次はいよいよ単行本『断崖のある風景小野十三郎ノート』について触れなければならない。『釜ケ崎　旅の宿りの長いまち』が78年に完成してから、僕は僕なりに編集をはじめることにした。

## 『断崖のある風景　小野十三郎ノート』刊

寺島珠雄の手法は、まず対象となる人物の年譜作成からはじまる。震災や戦火で失われた大正・昭和初期・戦前の記録を、ねばり強い長期にわたる収集で見つけだし、その空白を埋めて年譜を完成させていく。その過程で、既刊詩集に収録されていない作品や、作者も忘れている埋もれた作品を発見する。最後にこれらの作業の集大成としての評伝の執筆だ。これは寺島珠雄の著作として残る。

「新文学」に連載されていた「小野十三郎ノート」は、当然ながら小野十三郎を語った記録だが、仲間の詩人たちとその作品、同時代の詩や詩誌、アナキズムに関連した人々と社会を描いていくのだが、それは時代順に書かれているわけではない。バラバラのテーマ毎に毎号一つの物語を紡いでいた。発見した一つの素材で1号の原稿ができる。また大正、昭和戦前、戦後の時代を区切ることもされてない。それらを年代順に落とし込んでいく作業がまず必要だった。

小野十三郎は1903年に生まれた。上京し東洋大学に入学、友谷静枝と同棲、その後熊谷寿美子と同棲、子どもの誕生、大阪へ……

詩誌、同人誌、運動機関誌もどんどん出てくる。「黒猫」「MANIA」「大象の哄笑」「赤と黒」「龍防」「傾斜市街」「二人」「DAMDAMダムダム」「辻馬車」「詩戦行」「銅鑼」「文芸戦線」「文芸解放」「黒色青年」「バリケード」「全詩人聯合」「黒旗は進む」「黒色戦線」「弾道」「解放文化」「詩行動」「反対」「コスモス」「詩作」「文化組織」「詩原」「大阪文学」「詩研究」……

そして小野十三郎自身の詩集も続く。第1詩集『半分開いた窓』第2詩集『古き世界の上に』第3詩集『大阪』第4詩集『風景詩抄』、戦後の『大海辺』『抒情詩集』『定本大阪』……

しかし一本に組むボリュームとしては、28年（昭和3年）まででひとまず終えることになった。第1詩集『半分開いた窓』の刊行が26年なので、その2年後まで。まだ友谷静枝との同棲が続いていた。おそらくこのあたりまでが寺島珠雄の最大関心事でもあるのだろう。

寺島珠雄は連載「ノート」に加筆していった。全体をまとめあげるにはかなりの構成上の作業が必要なのだ。アナキズム詩人としての自己確立までの軌跡と、同時代詩人の動向を広角にとらえることが主眼だ。

特に「赤と黒」創刊や南天堂の項には大杉栄、辻潤も登場するし、岡本潤、壺井繁治、萩原恭次郎、秋山清、菊岡久利らとの出会いがあった。これをふくらませたのが晩年の大著『南天堂松岡虎王麿の大正・昭和』（皓星社／99年）に結実する。

さて本文に戻ると、「赤と黒」に1章が当てられ、「赤と黒」創刊号（23年）の表紙に掲載されよく知られている「宣言」から始まる。

――詩とは？　詩人とは？　我々は過去の一切の概念を放棄して、大胆に断言する！『詩と

は爆弾である！　詩人とは牢獄の固き壁と扉とに爆弾を投ずる黒き犯人である！』……（「赤と黒」創刊号／23年）

20歳の小野十三郎は、創刊されたばかりの「赤と黒」を南天堂書房で見て衝撃を受け、すぐに自身の個人誌「ＭＡＮＩＡ」を編集部に送った。

その後に当然起こるだろう小野十三郎と岡本潤の出会いを、著者寺島珠雄は次のように記述する。当事者の証言や記録がないところは自由に想像して楽しんでいるのだ。

――そうして二人の間に交信が成立し、お互いにやめてしまった東洋大学の教室での、無言の相互認識も語り合われるのはこれもまた順当な成行きである。（中略）そういう二人の、こんどは大いに語り合う交友のはじまりはいつだったか。一九二三年某月某日、おそらくは関東大震災以前かと思う以上に判然と浮かんでこないが、場所は本郷の南天堂書房の階上喫茶店である。……（『断崖のある風景小野十三郎ノート』80年）

連載原稿は何度も読んでいたし、改めての編集作業に立ち会うのは僕にとってはまさにやりたいことだった。

80年10月、寺島珠雄『断崖のある風景小野十三郎ノート』は完成した。

「列島」の詩人関根弘による書評を紹介する。

――『断崖のある風景』は、小野十三郎という一人の詩人をとりあげながらも、その個人史にとどまらず、小野十三郎の生きた時代、その舞台装置をあらゆる角度から浮彫りにしていて、

寺島珠雄『断崖のある風景　小野十三郎ノート』80年

少年時代、アナキズムにかかわりあったわたしには、とりわけ感慨深い本である。……（「現代の眼」81年10月）

しかし、この販売は苦戦した。それまでプレイガイドジャーナル社の既刊書はよく売れていたし、この本はまさに僕の読みたかった、出したかった本だった。その思いで部数も並びで設定したと思う。初めての上製本にも挑戦したが、そのために定価は高くなった。

結果的には売上げは印刷費と印税を回収できなかった。著者もPRにはずいぶん力をかけてくれて、その成果もあった。そのうえこの本は続刊のある企画だし、僕もその気でいたのだが、この段階ではそれを見送らざるをえなかった。毎月厳しい売上報告をするなかで、寺島珠雄もそれを感じ取っていたのだろう、残念がったが、了解を得た。

本体の雑誌刊行を支えるための周辺事業として僕の単行本部門もあった。こちらで赤字を出すわけにはいかないのだ。それを許さないプレイガイドジャーナル社の状況は常に存在したし、より厳しくなってきていた。

80年代に入って、バブル社会が近づいてくる。明るい陽射しのなかに暗雲が生まれ、70年前後に生まれ、70年代を通じて生き延びてきたサブカルチャー、カウンターカルチャーに関わる企図の終焉が忍びよっているのだろうか。

加わるのも自由、去るのも自由のスタッフ集団だったプレイガイドジャーナル社の運営では、少しでも安定生活をといろいろ定着策を模索してきたが、より自由な生き方を選ぼうとするものもいた。海外に向けて旅立つとか、新たな飛躍をめざして辞めていった。別れの季節が続くのも重苦しいものだった。海外旅行はフリーチケットによる個人旅行が普通になって、集団旅行の夏の陣・冬の陣も開催困難になった。

兄弟会社の有文社は行き詰まり、大阪で共に歩調を合わせて年月を重ねたオレンジレコードや春一番も終わっていった。

情報誌「プレイガイドジャーナル」には大資本による競合誌が生まれ、差は開く一方だった。メジャーはミニコミ情報誌を情報産業の芽としてとりこみを図った。

僕らはひたすらミニコミ、アングラ、マイナー情報を集め、小さなB6ポケットサイズでページ数をおさえ、定価100円を維持していた。企業とのつきあい方、広告代理店とのつきあい方なども含めて、その稚拙さ愚鈍さが個性になっていたし、それをよしとする読者も多かった。しかしそれでは20人からの集団は食えなかったのだ。

幸い主催したつかこうへい劇団、東京ヴォードヴィルショー公演は人気が続いていたし、これまで出した単行本はよく売れていて、『バイトくん』2巻は版を重ねて好調だったので、まだ亀裂は目立たなかった。

単行本は展開を考えると、いい企画、出したい本はどんどん出現してくるのだが、やはり制作費が回収できない企画も出てきた。1点ずつを十分プロモーションし、書店対策をすればいいのだが、いかんせん販売に関してもそれほど経験をつんでいない。もちろん「プレイガイドジャーナル」は強い告知能力を持っているので、それに頼るのだが、ついつい頼りすぎる。目を離すと在庫の山を見ることになるのだ。

かくして「小野十三郎ノート続編」は出なかった。その後も寺島珠雄とつき合いは続くのだが、このことはずっと心にあった。

## オンシアター自由劇場『上海バンスキング』を観る

81年6月5日、僕らの主催したオンシアター自由劇場『上海バンスキング』公演に寺島珠雄を誘った。

作者の齋藤憐は66年に佐藤信、串田和美、吉田日出子らと共に劇団自由劇場を結成したのだが、68年『赤目』(作・齋藤憐、演出・観世栄夫)大阪公演のころだったか、僕の大阪労音事務局の時代に同僚だった金一浩司を通して知りあった。その頃から劇団自由劇場は演劇センター68の設立に参加し、黒テント興行をスタートさせた70年の大阪公演『翼を燃やす天使たちの舞踏』は僕らが手がけることになった。

75年から齋藤憐らはオンシアター自由劇場として活動をするのだが、『上海バンスキング』(作・齋藤憐、演出・串田和美)が空前のヒット作となった。大阪公演も待たれたが、プレイガイドジャーナル社主催でやっと実現したのだった。

昭和10年代、軍国主義がしのびよってくる日本を出て、ジャズを自由に演奏できる上海に集まってくるミュージシャンの物語だが、大阪労演の近藤計三らと一緒に見た寺島珠雄にはずいぶん

オンシアター自由劇場『上海バンスキング』81年

喜んでもらった。というか、泣かせてしまったようだ。

——「上海バンスキング」は描いたジャズメンたちの、或る者は死に或る者は阿片中毒者となってしまったことと、好投手Yがたどらされた道は、ともに戦争という暗影に狂わされた点で共通する（共通は当時の日本人の絶対多数でもあるが）。（中略）

球史に残る名投手になり得たかもしれぬYや、役名「バクマツ」その他のあのジャズメンたちは、多様を暴力的に排除したいやな時代に生きたんだなあ、と。あるいは、生きたんではなくて殺されたと言うべきか、と。

舞台で精一杯に役者たちが演奏し、うたった「セントルイスブルース」や「ダイナ」や「暗い日曜日」がいっせいに私の耳底深く鳴りひびいてきた。……（「電波新聞」81年8月1日）

寺島珠雄は旧制中学時代を思い出し、3年上の中等学校野球で活躍した投手を思い出し、また禁制の喫茶店（「セントルイスブルース」がよくかかっていた）で群れていた不良少年だったことを思い出し、そのどれもが当時の戦争・政治のもとで禁圧されて、そうでなくても兵隊にとられるという時代だったことを思い出したのだろう。『どぶねずみの歌』には、戦時逃亡罪で海軍刑務所に収監されていて敗戦を迎えたことまでの数年間が生々しく書かれている。

## VAN書房での一連の出版

82年に詩集『あとでみる地図』を上梓した。『わがテロル考』（76年）『情況と感傷』（78年）とVAN書房から続けて出してきたが、これが最後になった。この3冊で70年代の主要な詩が網羅されている。僕にとっては、『釜ケ崎　旅の宿りの長いまち』に収録した詩も含めて、発表されたその時々でなじんできた詩が多い。ここで詩集から短い詩を1編紹介したいところだ。いや2編。「夜」は21歳のときの作品。

早朝街景

——まだ生きてたか
——お前だって
すれちがい振り返り肩たたき合い
地下足袋と長靴が別れる。

一杯
とは互いに言わぬ。
雨模様。

（『情況と感傷』）

夜

北海道空知郡三笠山村
二月の真夜中
根雪の路で
地下足袋が凍《しば》れて来た

炭坑の長屋の煙突から火の粉がとび
あがってきた二番方の声

見張小屋は無人
深い発破の響きの空耳

飯場のひとり者の
白首買いがえり
ズリ山のってっぺんが

ぽつんと燃えている
（『あとでみる地図』）

VAN書房は伴勇がやっていた出版社で、文芸誌「月刊近文」を刊行していた。これに寺島珠雄はずいぶん長く連載していた。78年からは川崎彰彦との「往復書簡　食い物考」を12回、続いて単独での「日録抄」を91年まで続けた。思うに、「低人通信」や「日録抄」という自身の生活や周辺の出来事に加えて、興味があり取材対象の人物のあれこれ、見つけだした古い本や雑誌などに関する情報発信は一番性にあっていたか。マメに書いたし、読んでもずいぶんおもしろいものだった。もしこの時代にブログなどというものがあったら、格段に多い読者を引き連れていただろうと思う。

寺島珠雄の評伝を書こうとすれば、これらを引用すれば中身の濃い肉付けができることまちがいない。本人もそれらから再構成した自伝的なものは何点か書いて著作がある。また「低人通信」「日録抄」は通して読むのもそれはそれで興味深い。しかし、本書では僕はひたすらつきあった個人的な記録を中心に身の丈だけの文章でまとめようと思う。

さて岡本潤だが、71年に入院して以来無人になっていた旧居から蔵書を娘の鈴木一子宅に移す作業を寺島珠雄が引き受けていた。その整理が進むなかで、44〜46年の終戦を挟んだ3年間の日記をようやく見つけだした。在ることがわかっていたが埋もれてなかなか発見できなかったのだ。

寺島珠雄は病床の岡本潤の了解をとってそれを借りて読み、発表することを提案し、承諾を得たのだった。

83年に寺島珠雄編集・解説『時代《とき》の底から岡本潤戦中戦後日記』（風媒社）が完成した。10年かかった。

41歳の岡本潤は大映多摩川撮影所企画部に勤務しており、日記には戦争に向かう時代の映画界、窮迫する生活、土手でとったノビルやイナゴで食いつなぐほどの食糧難や、時を選ばず襲いかかる空襲、そして終戦、戦後のスタート。「コスモス」創刊、日本アナキスト連盟立ち上げまで、そのなかであくなき読書と詩作の継続などが真っ正面から捉えられていて、時代の貴重な記録と感動的な生き方が伝わってくる。

雨のように爆弾の降るなか、懸命に本を読む。いつ自分の上に落ちてくるか、それまでに1冊でも読み終えたい、空襲警報が出ると未読の本や再読したい本を庭の土の中に埋める、そんな著者の思いつめた気持ちを感じながら僕は読み継いだものだ。

この時代の日記は多く出ているし、繰り返し読む本もある。この『時代の底から』も伊藤整、山田風太郎、高見順、徳川無声、永井荷風らの日記同様埋もれさせてはいけない本だ。

岡本潤の日記に関連していえば、「戦中戦後日記」の発見と同じころ、20歳の時の日記が見つかった。21年の日記だから「赤と黒」創刊の2年前だ。寺島珠雄はこれも鈴木一子の承諾を得て82年に「現代の眼」に発表している。日記を写し適宜解説を付しているが、以下は1月10日の解説の部分。いわゆる寺島珠雄ブシを発揮している。

――本庄で一泊、親戚が管理している父の遺産の利潤か何かを「面倒臭い収支の計算」を経て四十三円受けとって東京へ戻り、さっそく神田で本を買っている。『輓近社会思想研究』『欧州思想大観』『性欲と近代思想』『サアニン』などである。

この『サアニン』は一円五十銭だったそうだから武林盛一（夢想庵）訳で三星社から出たものの二十二版であろうか。いま私の手もとにあるのは二十五版だが、奥付に一九一四年（大正3）の初版以降の増刷年月日が全部出ているのでそう思うのだ。

まもなく『赤と黒』の仲間となる壺井繁治は一九一六年（大正5）中学五年の夏休みに同じ本を読んで「精神上の〈革命〉起こり」と自筆年譜に記録している。壺井は岡本より四歳年長なのである。

なお私は岡本の日記に従って「サアニン」としたが武林訳本では表題本文ともに「サニン」であることを念のために。……（「大正の青春像断片岡本潤「赤と黒」以前の日記から」「現代の眼」82年3月）

## 編集工房ノア・「虚無思想研究」・浮游社との出版ほか

その後、寺島珠雄は83年に『わが詩人考アナキズムのうちそと』（編集工房ノア）を上梓した。いい企画で、ずいぶんうらやましかったが、しかたがない。翌84年には『西山勇太郎ノート』（「虚無思想研究」編集委員会）が続いた。しかし、その頃はもうプレイガイドジャーナル社は火の車だった。

西山勇太郎に関しては前にも何度か出したが、辻潤と交流があり、辻潤の造語「低人」を書名につかった自身のドキュメント『低人雑記』（無風社／39年）を辻潤序文を得て刊行している。続いて40年にはガリ版雑誌「色即是空（すべてはながる）」を創刊した。書名墨書は辻潤。寺島珠雄は詩を書きはじめた十代のころにこの雑誌から辻潤を知り、戦後に兄とで「ぶらつく―黒色または散策」を出しはじめてから西山勇太郎に出会い、72年に「低人通信」発行に至る経緯は前述した。

編集工房ノアは75年に涸沢純平が設立した出版社。狭い大阪で出版活動を長く続けていて旧知の間だし、それはお互い困難な道ではないことももちろんわかりあえていただろう。僕は71年に雑誌を柱にはじめてから起伏と挫折があり、涸沢純平は単独で文芸分野の単行本を中心に首尾一貫している。

「虚無思想研究」は81年12月に大月健、久保田一、中西徹らが創刊した雑誌で、寺島珠雄は毎号寄稿していた。「虚無思想研究」は50年以上前、25年に辻潤が創刊していて、以来数えて3度目になる同名刊行・挑戦だった。

その中西徹が編集長で84年に創刊したのが「ＴＡＸＩ！」、「タクシーをメディアとしてとらえる」とあり、異色の雑誌だった。たぶん一部のタクシーに乗ると車内でもらえたのだろうが、当時僕はバイクのライダーだったのでタクシーに縁がなかった。03年によく似た名前の文芸雑誌

「TAXI！ 3」85年4月

「en-taxi」が創刊したが、もちろんこれとはちがう。

僕はバックナンバーを揃えていて、その創刊号に寺島珠雄は小野十三郎インタビュー「大阪・私の好きな風景」を寄稿し、2号からは連載「大阪浮世風呂物語」がスタートした。加えて盟友川崎彰彦の連載もはじまった。異色の連載陣というべきか川崎ゆきおの漫画「大阪猟奇地図」も載った。中西徹編集長の手腕を注目するところだ。彼は浮游社を立ち上げて9号からは発行人も兼任したのだった。

川崎彰彦は寺島珠雄の「小野十三郎ノート」連載時の「新文学」編集長で、その後も「往復書簡食い物考」など二人一緒の仕事は多い。一方川崎ゆきおは、「プレイガイドジャーナル」誌でのヒーローだ。僕は知りあって半世紀近くなるか、プレイガイドジャーナル社の出版活動の上昇期に『猟奇王』『天地無用』を出し、街を猟奇の闇の中に引きずり込むロマンが一世を風靡したのだ。その後ビレッジプレス時代になっても「雲遊天下」で連載を続けてもらった。

もう一つ寺島珠雄はめずらしい雑誌に連載をしていたので、とりあげておこう。大阪のストリップ小屋で入手できた「ヌードインテリジェンス」と「ノックアップ」（共にインテリジェンス社）だ。妖艶な、はたまた清楚な踊り子たちが登場するのがウリだった。

この「ヌードインテリジェンス」に僕は72年に出会って

『ヌードインテリジェンス　59』78年11月

いた。まだ創刊して1年が経ってない「プレイガイドジャーナル」5月号で「特出ストリップ㊙ガイド」という特集を組んだことがあった。スケジュールガイド誌だから梅田コマや中座、花月や角座の演芸、浪花クラブのような大衆演劇など、常設小屋のスケジュールを掲載していたが、ストリップ小屋も常設小屋ではないか、とりあげるべきだと、京阪神など20館を地図付で紹介した。そのときインテリジェンス社を訪ねて編集発行人の中谷陽に教えを乞うたのだった。

それ以来「ヌードインテリジェンス」を毎号入手していたが、執筆陣には寺島珠雄、竹中労(夢野京太郎名)、小沢昭一、田中小実昌、猪野健治、加藤武、関敬六、色川武大らが寄稿して中谷陽も毎号登場していた。80年代になって「ノックアップ」が続いた。79年には連載をまとめた『ストリップ昭和史』(インテリジェンス社)が刊行された。中谷陽、駒田信二、竹中労、小沢昭一、寺島珠雄の共著。

84年8月に寺島珠雄は「小野十三郎展」を企画して池田市の阪急学園池田文庫が開催した。『小野十三郎全詩集』をはじめ一連の著作に取り組み、年譜を作成するなかで雑誌や自筆原稿、写真などの資料がかなり集まっていた。それを一堂に展示公開しようという企画だった。僕は4

竹中労、一人おいて寺島珠雄、中谷陽（左から）80年6月

日に訪れた。

池田文庫は阪急電鉄の労組委員長だった森上多郎が館長だったが、森上多郎は寺島珠雄や近藤計三とは同じ「解氷期」同人だし、大阪労演の役員でもありという関係だった。

すでに書いたことだが、83年ごろからプレイガイドジャーナル社の運営が行き詰まり、2年ほどの悪戦苦闘を経て僕は85年9月にビレッジプレスを設立した。寺島珠雄との仕事の再開はなく、刊行される本の寄贈を受けるばかりであった。時々の様子を知らせて、励ましの手紙をもらっていた。

「きのうは勝手な電話をしました、情況をききながら、ついに、という思いで暗然としました。

しかし、多年培った貴兄のもろもろの基盤のすべてが喪失されるわけではないでしょう。上手くシノイで下さい。（中略）川瀬君のこと。相成可くはうまくとり計らってやってもらいたいもの。（中略）まだ書きたいことあれど省略。

ともかく心身を均衡よく保つことを。

(追) 竹中は左眼失明したが頑張っています (八月に京都で会った)。彼の方が貴兄よりは大部トシウエだ。」(85年9月11日)

中西徹の浮游社が目を見張るような寺島珠雄との共同作業を広げていた。随筆集『遠景と近状』(85年6月)、詩集『断景』跋・竹中労 (86年8月)、『酒食年表』(87年11月)、『神戸備忘記』(88年8月) と、いずれも印象的な編集と判型、組み方を持った本になっていた。また、同時進行的に小野十三郎の作品集も出した。こちらは寺島珠雄の編集で、『小野十三郎エッセイ—詩のかたち詩の発見』(87年11月)、『小野十三郎詩集—カヌーの速度で』(88年7月)、『小野十三郎詩集—いまいるところ』(89年11月)。

また、金沢住人で寺島ファンの石野覚が、好きな詩ばかりを個人編集して制作発行した『寺島珠雄詩集』も85年6月に届いた。こちらには編集者の強い希望で著者が作成した力作の年表が掲載された。ごく初期の短い詩も収録されていた、その2編を紹介しよう。

日記1969

まだ死なぬから
まだ生きている

めしである
糞である

（「釜ヶ崎通信別冊」69年8月）

夕暮れ近い雨風の街

雲の下を
雲が散乱し。
風速十五メートル。
昨夜からの雨。
ずぶ濡れの
半焼けビル。
屋台店。
かぼちゃの花。
コンクリの屑。

下水が渦巻いて
うねり流れ。
ガード下のごみ捨て場が
隊伍を解いて
動き出す。

（「詩精神」1号／46年10月）

## 三井葉子を紹介される

さて、ビレッジプレスをスタートさせて、模索を続けていたが、87年に「フォークリポート」時代につきあった印刷所・東洋印刷製本から、船場の卸商組合の月刊機関誌・PR誌「QHO」の編集をやらないかと誘われた。200社が加盟し歴史のある問屋街の月刊誌だった。商売の世界は僕にはまったくの未経験の分野だったが、何でもやろうと決めていたので喜んで引き受けた。3月号からのスタートだった。

これには、元プレイガイドジャーナル社スタッフだった森田裕子がその後短期間働いていたマーケティング会社の協力を得たり、有文社時代につきあった漫画・イラストレーター黒田クロが販促の専門家だったり、チャンネルゼロのせきねときこに4コママンガの連載を頼んだり、僕は

「QHO」90年2月

東西に長い南久宝寺町の問屋街を松屋町筋から御堂筋まで取材に奔走しながら記事を書き、月刊の穴をあけなかった。やればできるもので、これは15年間続くことになった。

結果的には、この月刊誌が決まったことで、新会社ビレッジプレスの存続のメドがついたのだ。加えて、寺島珠雄との仕事上の関係が再開するのだった。

「ＱＨＯ」をやり始めたころ、僕は寺島珠雄に紹介されて三井葉子と出会った。小野十三郎に学び、Ｈ氏賞や現代詩女流賞、のちに詩歌文学館賞を受賞した詩人だ。三井葉子は随筆集『つづれ刺せ』を編集工房ノアから87年に出すのだが、そのとき3人で会って、高石ともやとザ・ナターシャー・セブンがうたっていた歌「つづれさせかとうさせ」のことを聞かれたりした。どんな話をしたかはもう思いだせないが、大阪弁京都弁の言葉なのだ。

そして三井葉子が大阪の商家の生まれで大阪弁にくわしいことを知り、「ＱＨＯ」の巻頭エッセイを依頼したのだった。88年2月号から。まもなく「大阪弁歳時記」と連載名を付けて長期連載になった。

小堀純編集長以下編集部と新経営陣のもとで刊行されていた「プレイガイドジャーナル」だったが、2年が経過して双方の意見の違いが大きくなって、編集部全員が総退陣する事態が起こった。87年12月だった。

僕は残務整理や引継ぎ、責任もあって85年は役員を要請されて残っていたが、その後は小堀純から困難な話を聞くのみだった。その間に「プレイガイドジャーナル」の勢いを盛り返す一助にと、僕は誌面で「バイク特集」に参加したり、つかしんのイベント「WAYAYA」企画主催の制作協力、またマンガ雑誌「電光画報」やバイク雑誌など第二第三の雑誌を立ち上げようと提案したが、果たせなかった。

総退陣後の88年1月から、小堀純にはビレッジプレスの事務所で活動の場として席を用意し、フリーランスで活動しようとする元編集スタッフの何人かは「らえぷ」というチームをスタートさせたので、ビレッジプレスで軌道に乗りつつあった仕事や「QHO」編集チームにも彼らが合流できるようにしたのだった。

## エンプティとの出版と「低人通信」第2次スタート

寺島珠雄は旺盛な創作活動を広げていた。全国誌からミニコミ、同人誌までずいぶん多くにつきあって、毎号詩やエッセイ、評論などを継続寄稿していた。そして、掲載誌を時々に送ってくれたりもした。その地道な努力を僕はみていて頭が下がる思いだった。

寺島珠雄の寄稿誌リストにはメジャーな雑誌の記録もあるが、ここでは僕が目にして、現在も保存しているものに限った。それでも掲載できなかったものも多い。

88年1月創刊の同人誌「遅刻」（編集直原弘道、発行遅刻の会）では連載「ネンシャモンの雑記帳」がスタートし、創刊号には粟田茂、直原弘道、紫村美也、玉井敬之、寺島珠雄、松尾茂夫、

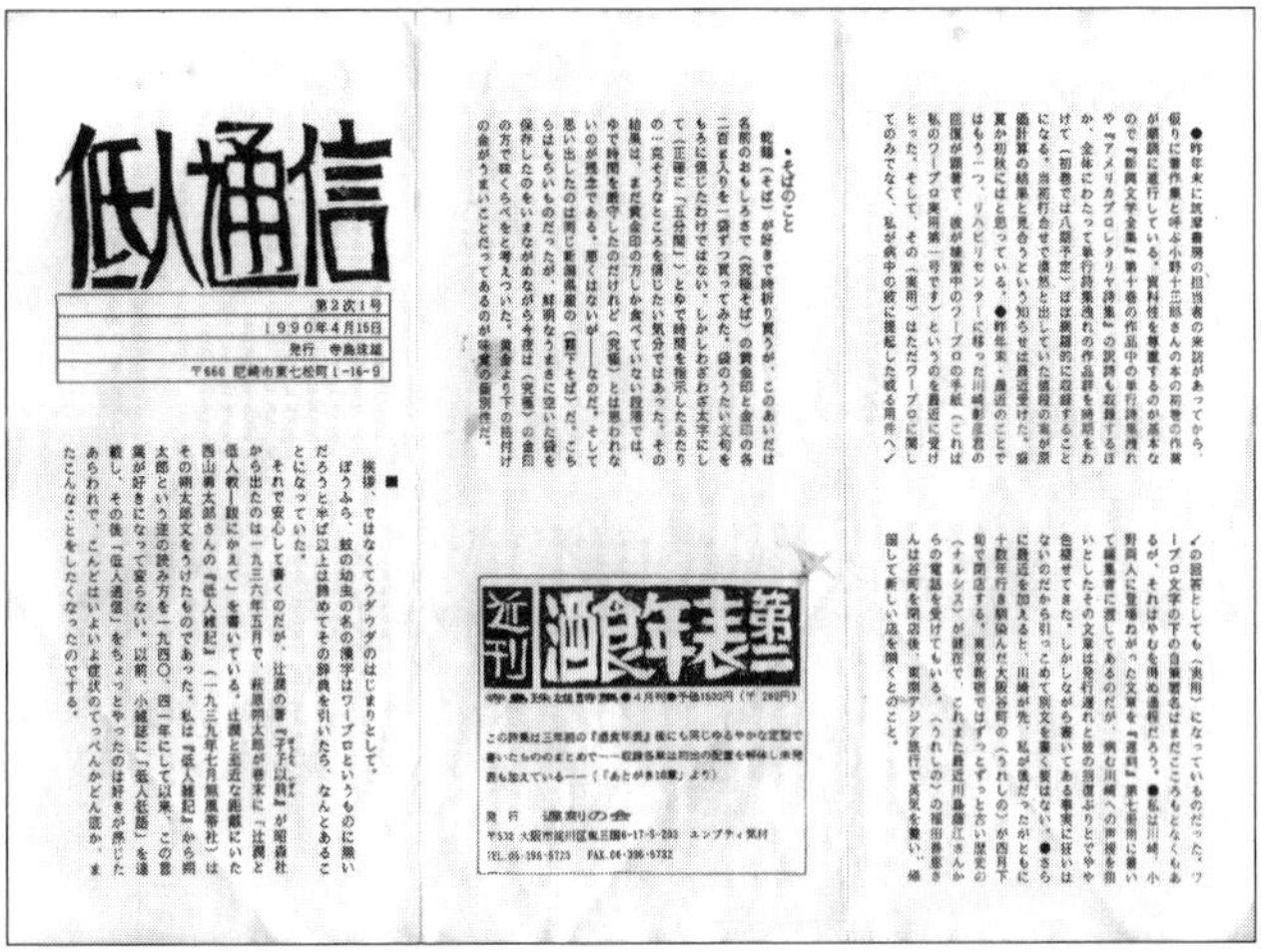

低人通信

第2次1号
1990年4月15日
発行　寺島珠雄
〒660 尼崎市東七松町1-16-9

■
挨拶、ではなくてウダウダのはじまりとして。
ぼうふら、蚊の幼虫の名の漢字はワープロというものに無いだろうと半ば以上は諦めてその辞典を引いたら、なんとあることになっていた。
それで安心して書くのだが、辻潤の著『孑孑《ぼうふら》以前《いぜん》』が昭森社から出たのは一九三六年五月で、萩原朔太郎が巻末に「辻潤と低人教―跋にかえて」を書いている。辻潤と至近な距離にいた西山勇太郎さんの『低人雑記』（一九三九年七月無風帯社）はその朔太郎文をうけたものであった。私は『低人雑記』から朔太郎という注の読み方を一九四〇、四一年にして以来、この言葉が好きになって変らない。以前、小雑誌に「低人狂話」を連載し、その後「低人通信」をちょっとやったのは好きが昂じたあらわれで、こんどはいよいよ症状のてっぺんかどん底か、またこんなことをしたくなったのです。

●そばのこと
乾麺（そば）が好きで時折り買うが、このあいだは名前のおもしろさで〈究極そば〉の黄金印と金印の各二百g入りを一袋ずつ買ってみた。袋のうたい文句をもろに信じたわけではない。しかしわざわざ太字にして〈正確に「五分間」〉とゆで時間を指示したあたりの…究そうなところを信じたい気分ではあった。その結果は、まだ黄金印の方しか食べていない段階では、ゆで時間を厳守したのだけれど〈究極〉とは思われないのが残念である。悪くはないが――なのだ。そして思い出したのは昔に新潟県産の〈鶴下そば〉だ。こちらはもらいものだったが、鮮明なうまさに空いた袋を保存したのをいまながめながら今後は〈究極〉の金印の方で較くらべをと考えついた。黄金より下の格付けの金がうまいことだってあるのが味覚の個別性だ。

近刊
酒食年表第二
寺島珠雄詩集●4月刊●予価1500円（〒260円）
この詩集は三年前の『酒食年表』後にも同じゆるやかな定型で書いたもののまとめで――収録各篇は初出の配置を解体し未発表も加えている――（「あとがき10篇」より）
発行　遅刻の会
〒532 大阪市淀川区東三国6-17-5-203　エンプティ気付
TEL.06-396-5723　FAX.06-396-5732

●昨年末に筑摩書房の担当者の来訪があってから、仮りに著作集と呼ぶ小野十三郎さんの本の初巻の作業が順調に進行している。資料性を尊重するのが基本なので『新興文学全集』第十巻の作品中の単行詩集洩れや『アメリカプロレタリヤ詩集』の訳詩も収録するほか、全体にわたって単行詩集洩れの作品群を網羅をわけて（初巻では八冊予定）ほぼ編年的に収録することになる。当初打合せで漠然と出していた頒価の案が原価計算の結果と見合うという知らせは最近受けた。盛夏か初秋にはと思っている。●昨年末・最近のことではもう一つ、リハビリセンターに移った川崎彰彦君の回復が顕著で、彼が練習中のワープロの手紙（これは私のワープロ実用第一号です）というのを最近に受けとった。そして、その〈実用〉はただワープロに関してのみでなく、私が病中の彼に提起した或る用件への回答としても〈実用〉になっているものだった。ワープロ文字の下の自筆署名はまだこころもとなくもあるが、それはやむを得ぬ過程だろう。●私は川崎、小野両人に登場ねがった文章を『遅刻』第七号用に書いて編集者に渡してあるのだが、病む川崎への声援を狙いとしたその文章は発行遅れと彼の回復ぶりとでやや色褪せてきた。しかしながら書いてある事実に狂いはないのだから引っこめて別文を書く要はない。●さらに最近を加えると、川崎が先、私が後だったがともに十数年行き馴染んだ大阪谷町の〈うれしの〉が四月下旬で閉店する。東京新宿ではずっとずっと古い歴史の〈ナルシス〉が健在で、これまた最近川島江さんからの電話を受けてもいる。〈うれしの〉の福田さんは谷町を閉店後、東南アジア旅行で英気を養い、帰国して新しい店を開くとのこと。

「低人通信　第2次1」90年4月

三井葉子、たかとう匡子、倉橋健一、森上多郎らつながりのある名前が見える。一方「現代詩神戸」（発行和田英子）にも83年から詩を発表していた。

さらには、90年5月にはこの遅刻の会から詩集『酒食年表第二』を出すことになる。（連絡先はエンプティ）

武内正樹と紫村美也は86年に「エンプティ」を設立し、企画&撮影を中心に活動していた。二人は三井葉子とともに寺島珠雄のこれからの10年の活動を支えることになる。

72年にはじめた個人通信「低人通信」は7号+1号で休止していたが、90年4月に「低人通信」第2次としてスタートさせた。これは99年5月の42号までコンスタントに続けて、その後まもなくの7月23日に亡くなるのだが、この間の充実した活動ぶりが同時進行でうかがえて貴重な資料だ。

エンプティは遅刻の会の連絡先を引き受けたり、また「低人通信」第2次の制作も引き受けていた。A4一枚、三つ折りの新聞とはいえ、中身の濃い記事と、以前の手書きではなくワープロ打ちの読みやすい紙面を作りあげるなど力をそそいだ。

この本を書くにあたって、僕の「低人通信」保存分の欠号はエンプティから借用した。どうも助かりました。そして、お互いの思いとして、「低人通信」全42号から編集して一編の寺島珠雄ドキュメントを編みたいと話し合ってもいた。何とか実現したいものだ。


一方、三井葉子は91年1月から詩誌「楽市」を創刊した（当初発行所は創元社、のちに楽市舎）。これに寺島珠雄は自作エッセイと武内正樹の写真を組み合わせた連載を開始した。「楽市」には小野十三郎の詩作品が巻頭に載っている号があるが、これは寺島珠雄が新作の生原稿を直接小野十三郎から預かっているのを掲載したのだが、そのころは『小野十三郎著作集（全三巻）』（90年91年／筑摩書房）を編集し、編注を加え、さらに年譜を再構成していた。『全詩集』（立風書房刊）に続いて『全著作集』という大きな仕事に連続して取り組んでいて、このころの寺島珠雄の活躍はめざましいものがあった。

同時進行では91年9月に「小野十三郎肉筆原稿と肖像写真展」の開催があった。寺島珠雄が資料の選定をし、肖像写真は武内正樹。これは「楽市」主催で、北区のギャラリースペースばこで開催し、連日多くの人が集まって盛りあがった。

### 竹中労死去

91年5月19日、竹中労は死去した。63歳だった。

僕は大阪労音時代、「フォークリポート」時代を通じて竹中労の原稿をもらいながら、その仕事や文章や本を追っていた。また氏によって寺島珠雄と知りあえた。竹中労死去に関しては多くの報道がされたが、ここでは寺島珠雄による追悼の文章と詩を引用し、僕の気持ちを重ねよう。

――「青春の起点上野―竹中労追悼―」

死ぬ半月前、五月三日、ひる前から夕方近くまで三井記念病院十五階の竹中の個室にいた私は、下界に降りると上野へ行き、さらに浅草へ回った。

あと数日かと言われている竹中が、身近な者に電話させた会いたいという気持ちに応えて関西から来た私には、他のどこへ行く知恵も浮かばなかったのだ。

やつはもう生きてあの十五階から降りられない、ならば今夜は俺が二人分……まあそんなことでもあった。（中略）

竹中は『無頼の荊冠』『ルポ・ライター事始』などの著書でわが来歴を述べるとき、常に上野、浅草を青春の起点にしている。六十歳で死んだ彼の青春はまさしく〈終戦直後〉に重なるわけだ。そして私は、竹中より五年早い生まれだが、同じ時期の上野、浅草を彷徨した点ではすっかり共通し、相識って三十年近く、話し合う度になぜその当時に遭遇しなかったか不可解な程、人物事象の記憶が一致してしまうのだ。……（「うえの」91年8月）

「低人通信」に書かれた詩を1編紹介する。

近年ひるめしノート
　―竹中労に

――うまいものが食いたいねえ……
五月三日のひる前だった。
時刻は忘れたが病院の昼食配膳前だった。
竹中
お前が俺に向けた最後の
かすれてやっと聞きとれた言葉。
それより早くにあった別のひとことは
畳んでおくというやつだ俺の胸に。
やがて運ばれた昼食をお前は見るだけですませた。
そしてやっぱり今日写しておこうやと言うと
ポーズする気配を示した。
いい顔いい姿しているよ竹中
あの日の正面の一枚斜めの逆光の一枚。
○
去年十一月十四日のひるは大阪。（以下略）

（「低人通信」第2次7号／91年6月15日）

さて、エンプティの活動はいよいよ広がりをみせてきた。寺島珠雄は『西山勇太郎ノート』に続いて91年12月に『吉本孝一詩集』を完成させた。詩集刊行会発行で、それはエンプティ内においた。

吉本孝一もまた寺島珠雄のこだわる詩人の一人だ。萩原恭次郎に近く、詩集出版を担っていたが、35年の無政府共産党事件では無実の検挙に遭ったという。43年にビルマで戦死。

寺島珠雄は小野十三郎の生原稿を預かって「楽市」に少し発表したが、その目的である新詩集の作品はそろってきて、編集も順調に進み、92年7月、小野十三郎最晩年の詩集『冥王星で』を完成させた。エンプティはこの詩集の発行にふみきった。書店発売はビレッジプレスでということで、引き受けたが、それは寺島珠雄の描いた構想だったと思う。

## 三井葉子『ええやんか大阪辯歳時記』刊

ビレッジプレスは設立7年が経過し、単行本出版は中島らもの最初の本『啓蒙かまぼこ新聞』完成後、寺島珠雄の紹介で出会った川瀬健一、小堀純プロデュースの南河内万歳一座・内藤敬裕の戯曲集『劇風録』、「フォークリポート」を一緒にやったのちポルトガルに渡った画家・武本比登志の画集、「パイドパイパーハウス」時代からつき合いの長い岩永正敏の紹介で自由人権協会のまんが版『高校生のための人権宣言』、そして小林正典とのプレイガイドジャーナル社時代か

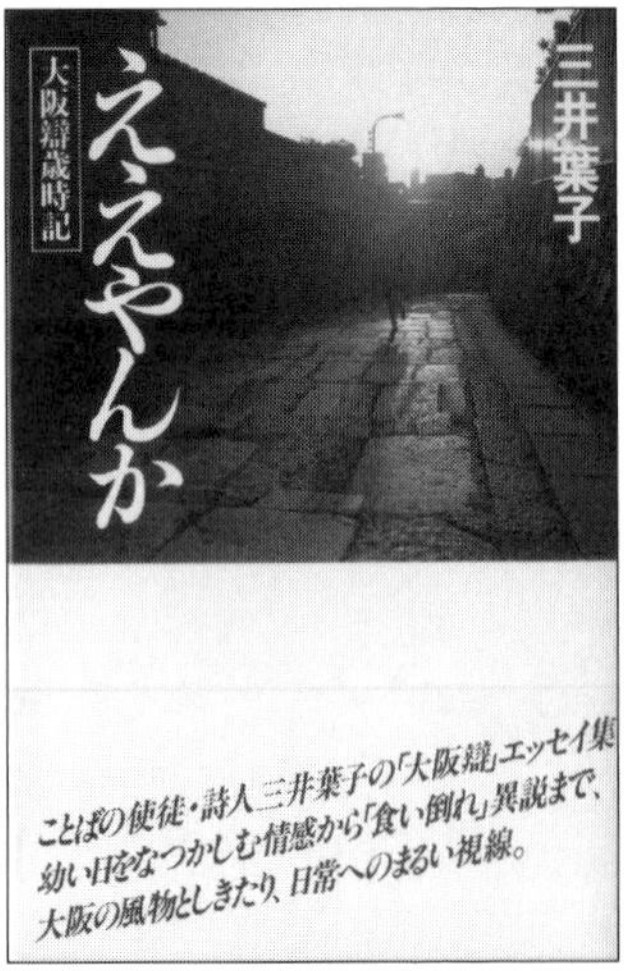

三井葉子『ええやんか　大阪辯歳時記』92年

ら続いた共同プロデュースは阿部淳、滝沢遼平、田中幸太郎らベテラン写真家の写真集と、現代俳句作家・伊丹三樹彦の俳句を付した写真集（写俳集）など、数多く出版することになり、それなりの出版社の形もできあがってきたのだ。

　そして、三井葉子の「ＱＨＯ」連載を単行本化することを決めたのも、寺島珠雄の強い勧めだった。編集制作にも親身になって当たってくれ、オビ文も考案してもらった。また、僕の校正のいい加減さもずいぶん指摘された。92年11月『ええやんか　大阪辯歳時記』は完成した。

いしいひさいちを擁するチャンネルゼロも新刊を活発化させ、年間数点のコミックを刊行していた。

　書店流通は、新刊完成時に取次を通じて全国書店に委託配本し、その後は書店からの注文に応じて毎週出荷するのだが、一人出版社では新刊の企画制作や請けおう印刷媒体の制作など、丸ごとが日々の業務なのでなかなかハードな毎日だった。

　ここで、僕がビレッジプレスで94年から創刊する「雲遊天下」について、改めて書いておきたい。この季刊誌が30年以上にわたってビレッジプレスの表看板になったことと、また寺島珠雄や三井葉子との長い連携のきっかけにもなったのだ。

ビレッジプレスの事務所は林信夫と一緒に85年から大阪市北区に設置し、その後一度近くに移転したが、7年が経過していた。僕は10年前から乗り始めたバイク熱がいよいよ嵩じて、走るのが楽しくてしかたがなかったし、林信夫は車移動の能勢在住だったこともあり、都心を離れて郊外の自然の中へ事務所を移そうと話しあっていた。92年秋ごろから新しい事務所探しをはじめた。

プレイガイドジャーナル社のアメリカ村時代には天牛書店は隣組だった。事務所を訪れた寺島珠雄を新開店なった天牛書店に連れていき、赤い本棚に並ぶ本の山に驚かせたこともあったし、アメリカ村秋祭りを一緒にやったこともあった。その天牛書店は88年から緑地公園に自社ビルを建てて移っていたのだ。事務所を探し始めてから立ち寄ったとき、懇意にしていた天牛高志社長に誘われて、渡りに船でその空いていた4階を借りることに決めたのだった。

93年2月、緑地公園の天牛書店ビルに引っ越した。当時の共同居住者の21世紀ディレクターズユニオン社が林信夫と吉原豊子、CDOの溝端要が共に移り、小堀純は都心でがんばると決めた。移転にはビレッジプレスの持つ在庫がずいぶん増えて足を引っぱってしまった。

緑地公園駅から近く、想像以上にいい環境に恵まれた。周りは郊外の空気のいい場所で、少し歩けば広大な服部緑地が広がり、また何よりも在庫5万冊という1、2階を占めるライブラリー天牛書店を朝夕覗くことができるのだ。本好きにはたまらない、新刊書店にはない稀覯本の宝庫だ。

ここでじっくり腰をすえてやりたいことをやってみよう、10年はがんばろう、引っ越しを終え

右から紫村美也、寺島珠雄、三井葉子、村元（93年11月／ビレッジプレス事務所）撮影＝武内正樹

てくつろいでいたとき、みんなの前でそう声をかけた。今まで同じ事務所で10年間もやった経験がなかったのだ。そう言って、あらためて自分の年を数えると50歳だった。そうか、10年後には60歳になるのか、と唖然となったことを思い出す。

新しい事務所に多くの人が訪れるようになった。11月には、寺島珠雄と三井葉子、エンプティの武内正樹と紫村美也、そして三井葉子『ええやんか』のカバー写真を撮った小川清子と小川弘之が揃って祝いに来てくれて、ひとときを過ごした。僕は大古本屋のビルにいることが得意だったし、共に本好きの彼らが楽しんでもらえることを望んだのだった。

ある時には「プレイガイドジャーナル」の元スタッフが子供連れで来てくれたし、みんな何かとよく集まった。緑地公園を散策もできるので、来やすかったのだろう。21世紀ディレクターズユニオン社もユニオンに参加するクリエイターやディレクター、プロデューサー、そのグループらが顔を出した。

## ＤＴＰ制作のはじまりと「雲遊天下」創刊

溝端要は、プレイガイドジャーナル社時代にクリエイト大阪でやっていて一緒だったが、その後ＣＤＯを設立して単独で活動していた。再会して、僕らの事務所にシェアしたのだった。当時彼は俣野広司と一緒にガラス工芸とアートの雑誌「グラスアート」を刊行していたが、その制作にはMacintosh II とLaser Writerを導入して使いこなしていた。まさに先進的な技術だった。印刷物の版下がみるみるできあがっていくのを目の当たりにして、感動的だった。今までは手書き原稿かワープロで打ってプリントアウトした原稿を写植に出して、それを貼り込んでいた。僕らはその作業を20年以上やってきたのだ。僕の取り組んできた世界がひっくり返るような、まさしく革命的な技術だった。

91年10月だったか、僕はすぐに日本橋Sofmapに文字通りかけつけて、Macintosh SE/30を購入した。それからは懸命に技術習得に取り組んだ。溝端要が教師だった。プリンターはまだ少し精度がもう一つ出ないし、フォントの種類も多くなく、ライノトロンでの印画紙出力を製版、印刷するという、まだ完全ではない時代だったが。それでもこの魔法の箱に一挙にトリコになった。日夜Macintoshに打ち込んだ。版下づくりに必要なQuark XPress、Illustrator、Photoshop、それにFileMaker、Hypercardなど、すべての業務や資料蓄積、個人表現をMac上で展開しようと考えた。

ＤＴＰ（Desk Top Publishing）やＩＴの世界は日進月歩だ。19年の現在では、レイアウトソフトはINDESIGNが担い、そのDTPデータがそのまま刷版になって印刷機械にかかる（製版工程がない）CTP印刷が標準になった。

僕は現在に至るまで機種を何台も変えながら、先先へ行く技術を追いかけてきたのだった。こよなく楽しみながら。その道を先導したスティーブ・ジョブズもういない。

さらに言えば、60年代の鉛の活字をつかった活版印刷での大阪労音機関誌「新音楽」や「フォークリポート」時代や、手動、電動写植機による印字を切り貼りした「プレイガイドジャーナル」時代の経験も、今になってみれば得がたいことだったとも思う。

願わくば、印刷メディア、紙媒体が、雑誌や本がこれからも存続するようにと祈るばかりだ。

溝端要は天牛書店ビルに移ってからも一緒だった。俣野広司はグラスアート、ボート製作が長く、WoodenBoat Center主宰。バリー・トーマス『ハレショフディンギーを作る』、ダグラス・ブルックス『沖縄の舟サバニを作る』（共にビレッジプレス刊）を翻訳出版している。

Macintoshの印刷物制作工程を自分のものにすることで印刷費が格段に安くできるようになった。次に考えたことは自前の雑誌の刊行だった。

少しずつ気分的に余裕が出てきているようだ。単行本は自費出版も含めて新刊が途切れないし、印刷メディアの制作請け負いも何点かが並行して多忙を極めた。しかし自前の雑誌を何とかできないか、それこそが僕の目標だった。私事だが、娘志野も93年春に大学を卒業し就職した。生活の上で一つの区切りのようにも思えた。

新雑誌の構想を練りはじめた。いまの仕事の情況では一人での月刊誌は無理だから季刊雑誌だろう。今はもうない「プレイガイドジャーナル」のような情報誌は無理だが、スケジュール部分のないエッセイやドキュメント、詩歌やフィクション、漫画を対象にした雑誌ならできそうだ。70年代から表現活動を続けている多くの友人たちは現在十分な実力をもっているし、ミュージシャンや演劇人、美術家などでいい書き手も多い。1編20枚（400字）というかなり長い原稿を書いてもらおう。多分そんな分量を書く機会は少ないだろうと思ったし、各原稿は単行本へ進化する、させたかった。当然ミニコミだが市販する商業誌という位置づけで、広告も取るし、原稿料も払おう。

月刊PR誌「QHO」の編集は続けているとはいえ、自分で刊行する雑誌は85年以来だ。旗を揚げると知人友人から多くの好意的な声を寄せてもらい、我が意を得た思いだった。

94年になっていよいよ具体的になった。誌名を「雲遊天下」と決め、判型はB6判、100ページ程度、予価680円、創刊は6月、原稿締切を4月10日とした。

デザイナーは畑佐実。アメリカ村の中古レコード店「キングコング」の新聞をやっていて知り合った。その後ほとんどの雑誌や単行本を一緒にやることになる。もちろん僕がMacintoshで本文の組み版をやることが前提なので、彼には表紙と、本文デザインのアウトラインを出してもらった。

創刊してずいぶん歓迎された。かつての「プレイガイドジャーナル」誌の読者や関係者にも口コミで伝わってか、待っていたように連絡をくれたり、寄稿者もライブ会場で積極的に声をかけてくれたし、販売に協力してくれた。ずいぶん恵まれたスタートだった。
机の上の1台のパソコンで村元一人で作業して作りあげるシステムで、しかも従来のオフセット印刷、市販も可能なクオリティの出版物が安く実現できるのだ。この印刷メディアづくりはまた思わぬ反響を呼んでいった。まもなく秦政明、寺島珠雄から連絡があったのだ。

**秦政明「古代史の海」と三井葉子「楽市」**

秦政明は、アート音楽出版社長で、僕はその元で70年春まで「フォークリポート」の編集をやっていたのだが、その後70年代中ごろには音楽舎とURCレコードとを共に終わらせて、念願の古代史の研究に取り組んでいた。古代史研究をはじめた理由について、半沢英一の記事から引用する。

――秦さん自身は2年前に開かれた「フォークリポート」わいせつ裁判30周年記念パーティーで、「自分が古代史をはじめたのは天皇制を解明するためだ」と言われています。（中略）秦さんは民主・反戦・反差別の半生を反骨とゲリラ精神で生きてきました。その経験の中で、天皇制イデオロギーがいかに日本人の思考力をうばい、社会の悲惨と陰湿な特権の温床になっているかを痛感したのではないでしょうか。そして日本人を天皇制の呪縛から解放するために、天皇制の基礎からの（つまりそれが出現した古代における）解明が必要だと思ったからではないでしょうか。……（「古代史の海」32号／03年6月）

秦政明からは、「市民の古代」をやることになったので作ってほしいと言うことだった。古田武彦主宰で続けてきたのだが、内紛があって秦政明と半沢英一がやるようになったのだ。94年10月に最初の「市民の古代16」を完成させ、書店販売も引き受けて、その後「市民の古代18」まで3号を刊行した。そして95年6月からは秦政明編集発行で「古代史の海」を創刊、28号まで続けて03年3月24日秦政明が亡くなるまで制作を引き受けた。その後代表を秦政明から中村修が引き継いで、以降91号（18年）まで制作をつきあった。

前述の半沢英一の文章は「古代史の海」32号、「秦政明追悼号」の記事の一部を引用させてもらった。

寺島珠雄からは、詩誌「楽市」が三井葉子編集発行で91年1月創刊から14号まで刊行されていたが、その後を僕が作れないかという強い希望だった。僕は三井葉子から定期的に原稿をもらっていたし、この雑誌もやってみようと思った。MacintoshのDTPシステムで95年1月、15号から受けることになった。これは09年、67号まで続いた。

この技術はまさに僕の財産になって30年近く続くことになる。これが「プレイガイドジャーナル」時代にあったらと思うが、当時を考えると、パソコンも、ワープロも、ファックスも、もちろんスマホ携帯もなかった。ひたすら足と電話と郵便で情報誌なるものをやっていたのだ。牧歌的な時代だったのだ。

現在の僕は年々バージョンアップを繰り返し、レイアウトソフトはInDesignにかえて、ひたすら老化防止に努めている次第。

### 阪神・淡路大震災

95年1月17日、阪神・淡路大震災が襲った。僕は未明に飛び起きて、家の無事を確かめてから、とにかく事務所に出た。ビレッジプレスの事務所はスチール棚に積んだ在庫が全部崩れていたが、それ以上の被害はないようだった。しかし気がついて尼崎の寺島珠雄に電話すると、家中ほとんど本ばかりの中で総崩れのようだった。

「低人通信」にくわしいレポートが載った。長いが以下に引用する。

――■烈震の路上体験

一月十七日＝今日も朝五時三五分に外へ出た。私の定刻で六時からの朝風呂の開業七、八分前に到着する常連数人、と言っても昔の歌の文句にある「所も知らぬ名も知らぬ」ただの顔なじみがちょっとしゃべるゆとりを見込んでいる。西向きコースの七割方を行ったところに読売新聞南立花専売所があり、そこの屋外時計が五時四五分を示していれば丁度よい具合いに歩いていることになる。あと小さな四つ角を二つ過ぎると目ざす朝風呂の前なのだ。十七日の時計はぴたり五時四五分だった。前日は行かなかった私に「きのうはどないしたんや？」と挨拶代りの質問がくるのにどう答えようか、私はそれを考えていた。実際には十三日に死んだ神戸在住の高島洋さん、九歳上のアナキスト詩人の通夜が十五日告別式が十六日で、本来なら十六日の朝風呂を休みたくなかったが、開式が十時ということで、めしと着更えるせわしなさを嫌って朝風呂を休んだのだ。しかしそこまで内実を言う必要はないから「また飲みすぎさ」ですます、そうきめた時、ごおと地面が唸り強く背を押された感じで私はよろけた。

「なんだ？」と声を出したのを覚えている。声を出しながら朝風呂までに二つある小さな四つ角の手前の方の中央に私の左膝と左手が接していた。凄い地の唸りが体感としては確かに背後から前方へ、東から西へ通過した。それにつられて前方を見ると、西宮辺の山並に白い発光があった。発光は山並の高低に添うかたちで瞬いて消えた。地震とはもうわかっていた。

（中略）

さて帰りついて、幸いに腰くだけなどしていない上下八軒長屋の上階、南から二番目のわが住み処の引き違い戸を開けようとすると動かない。入り口上部三方の棚に並べた本が格子のガラス戸にもたれているのだ。戸をはずす。本がこぼれてくる。いやはや、入り口右手の台所から次の三畳、その次の六畳とだんだんひどい内部倒壊ぶりだった。いま、つまり既に十八日になっているのに六畳の方は辛うじて便所への歩き筋をつけたまで、本は一面に畳を蔽って高さ小一メートル、それに段ボール箱がさかさに乗っている。しかしよく見れば、無事な棚もなくはなかった。室内の東と西は全壊し南と北は半壊で、私の棚のこしらえ方で書けば、南の天井ぎわまでのアナキズム一般書の棚、その並びの数人の作家の棚がほぼ原状と半壊で、北では秋山清、辻潤、岡本潤、萩原朔太郎、同恭次郎の棚が半壊だ。全壊は小野十三郎、竹中労、金子光晴、菊岡久利などの棚。それから古い詩誌『詩人時代』『日本詩壇』『列島』『山河』『詩文化』や『綜合文化』などを手製ケースに入れたのが全壊、三畳の方でも秋山さんと伊藤信吉さんによる大量な復刻版のこれは版元製の三ケース、創刊号を含む原本『歴程』と復刻版も、ほかさまざまな復刻や手製ケースの生資料、コピー資料も飛び出して重なっている。しかしまたほとんど無事な一角もあってそれには笑いかけた。……（「低人通信」第2次22号／95年2月1日）

寺島珠雄『片信録』95年

震災が襲ったが、その中で進められた寺島珠雄詩集『片信録』（エンプティ／95年）が4月に完成したのは喜びだった。鬼籍に入った21人と家族を詠った詩を集め、伊藤信吉が跋をよせている。書名通り返事をもらえることのない送るだけの手紙だ。集中、めずらしく俳句を収録していたので、3句を引用する。

風花の舞う火葬場で骨は熱し
さくさくと反逆詩人壷に入りぬ
これだけなんだなと骨を拾う
78・2・17
「火葬場で岡本潤」（『片信録』）

水野阿修羅『その日ぐらしはパラダイス』97年

**水野阿修羅『その日ぐらしはパラダイス』刊**

96年5月、寺島珠雄と「労務者渡世」を作っていた水野阿修羅が会いに来た。直接会うのは初めてだった。彼は「京都新聞」に書いていた連載を本にまとめたいと寺島珠雄と相談し、ビレッジプレスがいいだろうということで、たずねてきたのだ。原稿では、70年から釜ヶ崎に入って住み込み、日雇い労働で生活し、活動もしてきた著者の思いが表れていた。時代は移り変わっても釜ヶ崎で長く生きてきたのだ。僕は編集を進めるなか越冬闘争真っ最中の12月20日、三角公園に彼に会いに行った。会場になった公園のステージではゲストでソウルフラワーモノノケサミットが歌っていた。

97年、水野阿修羅『その日ぐらしはパラダイス』は完成した。4月には釜ヶ崎ふるさとの家で仲のいい人たちが集まって出版を祝った。

水野阿修羅は、コミュニケーションできない男たちの問題を考えるメンズリブ研究会をやっていたことから京都新聞の連載が始まったのだが、途中から釜ヶ崎の生活の記録に変わったそうだ。彼は他にも「追い込まれる子どもたち」・大阪自由学校活動にも関わっていて、彼の紹介で大阪自由学校『ぼくらはあきらめへん』（99年）も刊行したことを加えておく。現在は釜ヶ崎に住む活動家としては最

「楽市　23」97年1月

古参になり、パートナーの中野マリ子と共に元気で、三角公園の夏祭りでは毎年顔を合わせている。男性問題研究家と釜ヶ崎地域史研究家という肩書きをあわせもっている。

**小野十三郎死去**

96年10月8日、小野十三郎が死去した。93歳。晩年の大著や最後の詩集をまとめた寺島珠雄は取材や記事に追われたが、「楽市」も11月5日、杉山平一、寺島珠雄、倉橋健一、三井葉子が出席しての追悼座談会「小野十三郎を語る」を組み、僕は録音テープを回した。

――センセーと大きな声で呼ぶと、オーイと応えられる声が笑っていて。私たちはあわあわとふざけあって四角に言わずに楽しく過ごした。この座談会はその続きです。（中略）一九九一年三月には、小野さんは「これから僕はトオスミトンボになります」とみんなに挨拶されて、それがたくさんの人たちの前に出られる最後になった（三井葉子）……（「楽市」23号／97年1月）

また翌年、「楽市」26号（97年10月）では、「小野十三郎没後1年ということでもあり、小野さんゆかりのミナミに」（三井葉子）集まって雑談会「ミナミ楽談」が企画された。出席は中田昌秀、松本明修、倉橋健一、寺島珠雄、三井葉子。

小野十三郎追悼座談会
（右から三井葉子、杉山平一、寺島珠雄、倉橋健一）
（「楽市　23」96年11月）

寺島珠雄（97年6月）

この座談会では、最晩年の小野十三郎に一番近い位置にいた寺島珠雄だったが長い発言はなかった。原稿では数行がやっとだ。僕はいつものようにテープを回し出席者の写真を撮ったが、1年前の座談会で撮った姿を並べると、ずいぶん痩せたようだった。

没後1年に合わせて同じ10月、寺島珠雄の新著『小野十三郎ノート別冊』（松本工房）が刊行された。「追悼」と「没後ノート」原稿に加えて、寺島珠雄らしく著作集以後の詳しい年譜、90年12月から96年10月までと、今まで収集した小野十三郎に関係する主要雑誌の表紙画像と解説を45点、24年6月の「赤と黒号外」から「樹林」87年9までの表紙を並べて興味深い。本文「追悼」から少し引用する。

——ついに、と私は小野さんを見た。

今までならうなずくように動いた目が静止のままだった。そしてなぜか、小野さんの顔がすうっとひとまわり収縮したような気がして、もちろん錯覚にきまっているが、私はその錯覚から小野さんの最新詩集『冥王星で』の詩「ちいさなもの」を想起した。

私の好きな詩は
一節の終りが
みなちいさいものにしぼられている。

この3行で始まる詩は全部で20行、自作に登場させたちいさなものを作者小野さんが思い出して、それらへの親愛を述べている。……（『小野十三郎ノート別冊』97年）

98年4月には寺島珠雄詩集『酒食年表第三』を上梓した。エンプティ刊だ。特に身体の不調をうかがえることもないいつもの5行定型詩が収録されている。集中1編を以下に引く。

ばら色の薔薇三十数輪を五十度の酒に漬けた。
本の祝いに贈られた盛り花十日目の解体儀式。
添えものの白い蔓花も少し漬け羊歯は捨てた。
ばら色でばらの香りの飲みものはいつ熟すだろう
どんな味か酔い方か毒を持つならば致死量を超えよ。
（老年感傷）
（『酒食年表第三』98年）

年が変わって99年4月、寺島珠雄から「雲遊天下」20号の読後感想のハガキをもらった。この号は創刊5年が経過して、思いっきりページ数を増やした僕の自信作だった（何と168ページ）ので、ほめてもらってうれしかった。そしてそのハガキの文面は、ぎっしり書き込まれていつもと変わらない感じだった。

「雲遊天下20号拝受。いま書きおろしをやっていて、それは600枚をこえてまとめに入りましたが、そのあいまに読んだこの号（完読ではないが）は面白いものでした。」とあり、続けて個々の原稿への感想が詳しく書かれているが、「引用おことわり。純私信」とあるので、ここまで。

このころは、98年春から『南天堂』のほとんど書き下ろしになった原稿に全精力をかたむけていたようだが、ついに99年5月できあがったという。5月に届いた「低人通信」から引用する。

——二つの報告

一つは、約束期限を三度延ばしてもらった書きおろし原稿を、やっと完了させたことだ。終ってみると当初約束をこえて七百枚を突破していた。加えて挿入予定図版九十五点、これは整理が意外に厄介だったがもうすませた。残りは凡例、参考文献表、あとがき。どれも難事ではない。……（「低人通信」第2次42号／99年5月17日）

ところが、後段にある「報告の第二」に読み進んで驚いた。今まで弱音を吐かない人だったが、それでも「不得要領的で書きあぐね」ながら体調不良を訴えていたのだ。

報告第二は次に部分引用する。

——1食欲と体重「食欲の急激低下、それに伴なう体重減」「飲み食いへのたのしみやこだわりを持った男なのに、それが消滅してしまった」

2思い当ること「酒の時間を原稿に振り向け、つまり停酒したわけだ。未練なしにすんなりと実行出来た」「この定式破りに対する胃の対応が食いたくない現象、食欲消滅の原因ではなかったか」「体力の相当な低下があったはずだ」

3買い食い帳抜粋「食材を自分で求め自分で調理すると言ってた男の、もっとも新しい買い食い帳からの抜粋である。爆笑的悲哀だ」

4ふらふら東京「「体力維持」状態で四月四日に東京へ出かけた」「こんどのホテルはお初で、並木の薮にも駒形どぜうにも至近だが、今回はまるで興味が湧かない。六階の、切れっぱし

ほど大川の見える部屋で、牛乳やジュースで夜を過した」……（「低人通信」第2次42号／99年5月17日）

## 『南天堂』を書き上げて逝去

そして「低人通信」はこの号が最終号になった。

検査では肝臓癌および食道癌だった。病院も入院もいやがったが、三井葉子の世話でついに6月23日医真会八尾総合病院に入院、99年7月22日死去した。73歳だった。この間の経緯については、紫村美也と武内正樹が「楽市」34号「追悼●寺島珠雄」で詳しく書いていて、知ることができた。

僕は7月20日に三井葉子に呼ばれて病院に行った。病床の寺島珠雄は呼びかけにうなずいてくれたが、もう声は出なかった。22日通夜、23日葬儀だった。

エンプティの武内正樹と紫村美也はこの1年間、最晩年の活動と大作執筆を支え、発病してからはつきっきりだった。そして入院や弔いには三井葉子がいた。それはどんなに心強かったことか。生涯の生き方を見ても正反対の最悪な事態も考えられたのだ。「ほんとはベッドの上でなく死にたかった人なのよ」と三井葉子が病院長に話したが、その通りだと思う。そうなのですよ、寺島さん。みんなわかっているんですよ、でも。それでも、残された者は逝く人を思い最善を尽くすものなのだ。

「楽市　34」99年10月

本書では章を分けたが、僕にとっては悲しみが連続した半年だった。

西岡恭蔵が99年4月3日に亡くなって、4月9日に追悼ライブがバナナホールであり、6月4日に「雲遊天下」21号に掲載する偲ぶ座談会を東京下北沢のラ・カーニャでやり、7月18日に日比谷野音で追悼コンサートが開催された。それには沢田としきと取り組んだ『西岡恭蔵&KURO詞選集』を間に合わせなくてはならなかった。そのことは「沢田としき」の章ですでに書いた。並行して「楽市」34号の追悼号、「雲遊天下」22号の追悼号の制作が続いたのだ。

8月10日、「楽市」34号（99年10月）の座談会「寺島珠雄を語る」が杉山平一、玉井敬之、和田英子、倉橋健一、三井葉子の出席で開かれ、ぼくがそれをまとめた。また特集で多くの近しい人の寄稿を得た。小沢信男、川崎彰彦、井家上隆幸、向井孝、暮尾淳、大崎二郎、中田昌秀、直原弘道、上田隆、紫村美也、武内正樹、大木えま、小川ルミ子、鈴木一子、伊藤信吉、三井葉子。『南天堂』を執筆しながら、たまらず横になりながら、深い息をつきながら、それでも寺島珠雄はひんぱんに手紙を送っていたという。伊藤信吉の文章はその「書信往来」をもとに構成されていて、末期に近づく手紙がたまらない。

「雲遊天下」22号（99年11月）でも特集を組んだ。水野阿修羅と武内正樹の寄稿を得たし、また僕も冒頭で「売文・放浪・労働・恋愛の断続、反復であった」「さらにいうならば、書こうと書くまいとそこにはいつも〈詩〉と表現するしかないものも存在していた」と引用しながら少し書いた。

「労務者渡世」を寺島珠雄と一緒にやっていた水野阿修羅は、彼の文章のなかで、「当時は中村豊秋とかワタリとか名乗っていた」と明かして、納得したことだった。

朝日新聞・音谷健郎が「人生が詩だった寺島さん」という記事でこの2誌と「寺島珠雄さんを偲ぶ会」を報じた。

――詩誌「楽市」(34号)が特集を組み、「この人は私生活そのものが詩人だった」(杉山平一さん)と。季刊「雲遊天下」(22号)も特集で、自由を求めたが「身を律した生き方」(村元武さん)とした。……(朝日新聞／99年11月19日)

## 『南天堂　松岡虎王麿の大正・昭和』刊

残念ながら生前に間に合わなかったが、それでも最速で完成した寺島珠雄の大著『南天堂　松岡虎王麿の大正・昭和』(皓星社)、9月16日発行だった。A5判・上製・470ページという堂々たる1巻だ。

「低人通信」第2次42号(99年5月17日)に書かれた通り、入稿後「主要参考書一覧」「収録図版一覧」「あとがき」と校正を重ねていたと思う。書かれた「あとがき」は8行だった。その最後

寺島珠雄『南天堂　松岡虎王麿の大正・昭和』99年

の2行を引用する。

――わが『南天堂』論、大正・昭和――松岡虎王麿、庭内に這松などありしや知らず、最後まで直しを入れて、ガンバル。（99・7・10）……（『南天堂』99年）

訃報と追悼記事、『南天堂』書評が合わさって各紙誌が競った。以下に一部を紹介しておこう。

「古書肆の眼　寺島珠雄、最後の仕事」（内堀弘　図書新聞　9月25日）、「アナキスト詩人の死　命かけて執筆、本来の自由人」（「文」朝日新聞／10月18日）、「得がたい殺気がたちこめる本格的な考証をもとに、初めて現れた客観的なアナキズム文化史」（倉橋健一／図書新聞／10月23日）、「〈南天堂伝説〉を追体験　大正アナキズムの思想運動と詩運動」（井家上隆幸／週刊読書人／10月29日）、「人生が詩だった寺島さん」（「を」朝日新聞／11月19日）、「古本屋家業　詩人・寺島珠雄氏死す」（高橋徹　週刊読書人）、「特集　寺島珠雄追悼号」（長谷川修児「遊撃」316号／12月5日）また、「現代詩神戸」に寄稿した作品をまとめた『寺島珠雄詩・エッセイ集　1987〜1998』（現代詩神戸研究会）も9月25日に完成した。

2000年7月には「虚無思想研究」16号が「追悼寺島珠雄」を組んだ。寄稿は高木護、紫村美也、日野善太郎、岡田芳一、久保田一、大月健ほかだった。

個人的なことだが80年に『断崖のある風景―小野十三郎ノート』を出してから、僕は「続編」を出せなかった負い目をずっと持っていたが、『南天堂』の完成を見て、やっと肩の荷を少なくても半分は降ろした思いだった。これが続編といえるかどうかはわからないが。というのも『南天堂』の内容は閉店の30年（昭和5）までで、『断崖のある風景―小野十三郎ノート』も28年（昭和3）ごろまで、同じような時代で終わっているのだ。続編ではないが、しかし肩の荷が少し下りたとは感じたのに違いはない。

ところで、この99年には寺島珠雄と西岡恭蔵の死が重なったことに触れたが、ビレッジプレスの動きにとってもなかなかハードな画期的な年であった。

神戸・淡路大震災と家族の記録を「雲遊天下」に連載していた郭早苗の『宙を舞う』を出版したのが98年12月だった。そして99年3月には経験したことのない大作に挑戦したチャールズ・ブコウスキー&鵜戸口哲尚訳『パンク、ハリウッドを行く』を出し、4月には金森幸介の新CD『静かな音楽になった』のレコーディングを服部緑地野音でおこない、完成・リリースは99年10月だった。5月には春一番99コンサートが服部緑地野音で開催され、それと重なる日程で豊田勇造の新CD『雲遊天下』のレコーディングを一宮市のスタジオで泊まり込んでやり、完成・リリースは99年9月だった。7月には水野阿修羅とで企画した大阪自由学校『ぼくらはあきらめへん』も出したのだ。

この2000年を目前にしての1年間、どうやって切り抜けたのだろうか、今ではもう思いだせない。震災以降、とにかくやりたいことをやろう、やれることをやろう、という気持ちにおそわれることがあった。生き残った者の覚悟なのか焦りなのか。「雲遊天下」を出しはじめてから、大きな波は間断なく押しよせてくる、避けられないのなら乗ってしまおう。

### 寺島珠雄事務所スタート

寺島珠雄没後のことを少し触れておきたい。氏は単身生活者だった。部屋には膨大な資料が残されたし、今までの著作とこれから予想される出版も考えられるが、それらの連絡先も必要だ。ということでエンプティが寺島珠雄事務所の任を担当することになった。残された唯一の親族、兄の娘大木えま（パリ在住）や、千葉へ納骨に訪れた三井葉子も賛成だった。寺島珠雄事務所は11月にスタートし、ホームページ「ＷＡＲＥＲＡ」が99年内に開設した。

http://empty86.com/warera/index.html

活動はホームページに詳しいが、僕の携わったことについてのみ以下に触れておく。

48年に発行された大木一治（のちの寺島珠雄）詩集『ぼうふらの唄』（ぶらつく社）を黒川洋が発見し、それを寺島珠雄事務所が復刊することになった。その制作を僕が引き受け、２０００年7月完成した。その中の1編、寺島珠雄21歳の作を紹介する。

ゆがんだ自画像

——西山勇太郎さんえ——

二十四歳の夏が来た。
恋人もいず。
酒もなく。

無風帯・低人雑記
（不定期刊行）のすべてはながる《色即是空》

北多摩のアパート。
いちめんの桑畑。
奥多摩や富士
僕のひらきかけた青春。
あなたの分厚い眼鏡をとおして
辻潤の映像があり。
スチルネルや尺八や低人教や。
育ち盛り。にきびのできる僕であった。

ハルビンの街に馬車を駈り

五反田の隅でじゃがいもを食い
北海道では石炭掘りの半年。
――ここであなたの三千年は旗を捲いた――
帰郷。
戦争。徴用。
青春の
なんというあわただしさ
恋をして
幾度も敗れ
亀戸工場街のサイレンを
寝床できいた朝々。

海軍の兵隊になり
逃亡し。
監房の壁に彫りつけた
我が陀仙洞のアフォリズム

夏があり。

大木一治（寺島珠雄）『ぼうふらの唄』48年

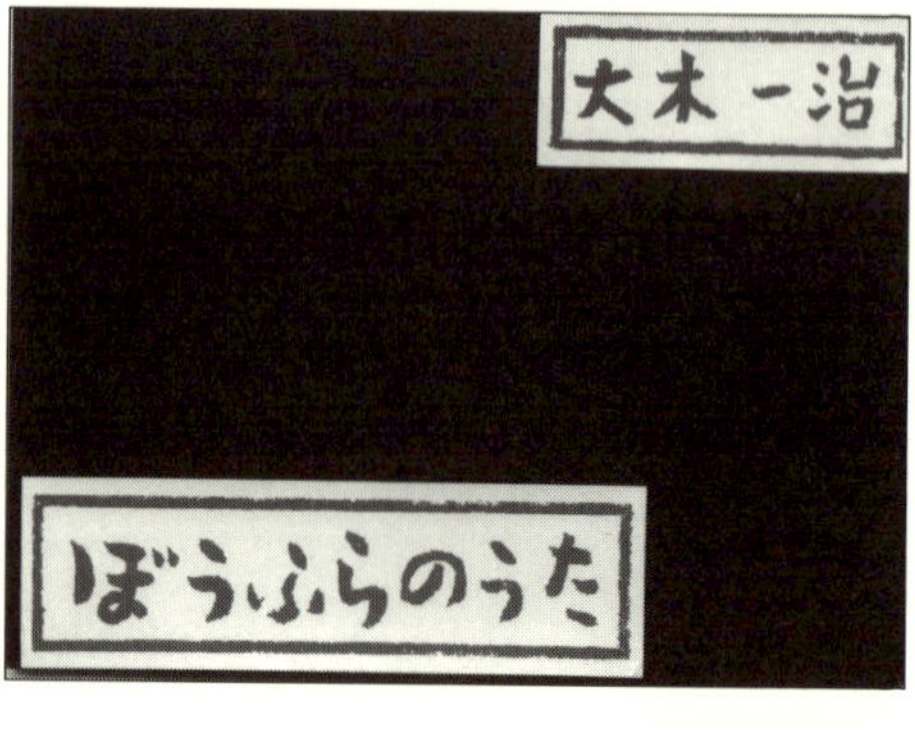

ぶらつく通信
第〇号

特集
『ぼうふらのうた』その時代と寺島珠雄



「ぶらつく通信　0」00年7月

冬が行き
雨や
風や
いまも
まだ。

48・6・28

同時に寺島珠雄事務所の通信を出そうという動きがあり、「ぶらつく通信」0号を刊行することになった。この制作も引き受けた。編集は武内正樹・紫村美也。特集「『ぼうふらのうた』その時代と寺島珠雄」で、黒川洋、日野善太郎、早野茂夫、松尾茂夫、石野覺、三井葉子、小沢信男、小山和郎、向井孝が寄稿した。

2000年9月には三井葉子の2冊目、『よろしゃんナ――猫版大阪辯歳時記』（ビレッジプレス）を刊行したが、もう寺島珠雄のアドバイスは受けられなかった。三井葉子も14年1月2日に亡くなってしまった。78歳。

寺島珠雄著作に登場するアナキスト詩人時代の菊岡久利、詩集『貧時交』などがあるが、その夫人の菊岡京子が『谷の風』を出版した。寺島珠雄事務所と岡田芳一の企画で進み、ビレッジプレスで制作出版することになった。

また『釜ケ崎　旅の宿りの長いまち』刊行時に載せられなかった「釜ケ崎語彙集」が13年8月、寺島珠雄編著『釜ヶ崎語彙集1972-1973』として新宿書房から刊行された。

寺島珠雄は「ネンシャモン」と人に評されてから「ネンシャモンの雑記帳」連載（「遅刻」第一冊　88年3月）を始めた。「ネンシャ〔念者〕とは一つの事に思いの強く深い人物の謂い。そこに者を連ねてネンシャモンと強調して呼ぶ。それが寺島珠雄だ」（同より）と言われたそうだ。

未見の資料を求めてどこまでも追求し、ある人物像を描いていく。ましてや明治大正時代だ、決して同時代ではない。寺島珠雄が採った努力、執念とも思える行動は僕にはとうてい及ばないとあらためて思う。

及ばずながらも、今こうして興味ある人びと、出来事、時代を振りかえり、書き綴ってみると、寺島珠雄の手法、エッセイでもあり記録でもある方法を僕はずいぶん学んだようだ。引用の方法も含めて。つまりその引用が多くなったことも氏は許してくれるだろう。その時々でもらったテキストは多い。それが書くように背を押してくれているようにも思えたのだ。

# あとがき

プレイガイドジャーナル時代の記録、1985年まで15年間を書き終えてから、その後のビレッジプレス時代はもう本にはならないと思っていた。現在も続いていて30年以上になるが、一人で立ち上げてから、その後も細々と続けていて、季刊雑誌「雲遊天下」を出していたとはいえ、出版社として広がりもなかったし、時代もかつての高揚の日々には及ばなかった。

しかし、70年代からつきあった人びととは、若き日を糧にして、歳を重ねながらもねばり強く活動していたし、むしろ影響力を増していたと思う。大きく飛躍する人もいた。そういった人びとの記録を軸にすれば書けるのではないか、小さな雑誌とはいえ、そこに登場した人びとをこそ書きたいと思った次第です。彼らと半世紀にも及ぶ交流を続けながらも、近年には無念にも亡くなっていくのを見送るばかりでした。少しでも僕の役割があるのなら、そのことではないだろうか。

本書は、あくまでも僕が出会って体験し交わった事実と、保存している資料の範囲での展開です。幸いなことに、単行本や雑誌が残り、個人的には手紙やパンフ、紙誌の記事も残していました。本書の大部分はこれらの資料の引用で成りたっています。その作成者に感謝し、僕の随意的な引用を許していただきたいと思います。

前著の続編として、あるいは人物編として、読んでいただければ幸いです。同時代の人々と活動を記録するという目的に変わりはないのです。

今回も東方出版の稲川博久さんには編集・出版で、また田島典子さんにも引き続き校閲・校正で助けていただきました。ありがとうございました。

カバーの版画は森英二郎さん、装幀は日下潤一さん、またオビ文は大塚まさじさんが引き受けてくれました。皆さんは本書の登場人物でもありますし、その点で複雑であろう気持ちをおもんばかって重ねて感謝します。

〈お名前には敬称を付して記すべきですが、すべて敬称を略しました。ご了承ください。〉

2019年3月　村元　武

村元 武 むらもと・たけし

1943年生まれ。1964〜1969年大阪勤労者音楽評議会（大阪労音）事務局、1969年〜1971年アート音楽出版、1971年〜1985年プレイガイドジャーナル社、1985年〜ビレッジプレス。

この間に、「新音楽」「フォークリポート」「プレイガイドジャーナル」「雲遊天下」の編集や、単行本、CD、コンサートなどのプロデュースに携わった。

著書『プレイガイドジャーナルへの道　1968〜1973　大阪労音―フォークリポート―プレイガイドジャーナル』『プレイガイドジャーナルよ　1971〜1985』（ともに東方出版）

雲遊天下な日々に
森喜久雄、沢田としき、寺島珠雄の巻

2019年5月25日　第1刷発行

著者……………………村元 武
発行者…………………稲川博久
発行所…………………東方出版株式会社
〒543-0062
大阪市天王寺区逢阪2-3-2-602
TEL06-6779-9571　FAX06-6779-9573
www.tohoshuppan.co.jp／
印刷所…………………モリモト印刷株式会社

ISBN978-4-86249-362-0 C0036